正義はどこへ行くのか

映画・アニメで読み解く「ヒーロー」

JN052585

Shintaro

a pilot of wisdom

目次

図版レイアウト／ＭＯＴＨＥＲ

本書の第一章から第六章は、ウェブサイト「集英社新書プラス」での連載『現代社会と向き合うためのヒーロー論』（二〇二二年七～一二月）を元に、加筆・修正したものです。なお、序章と第七章以降は本書のための書き下ろしです。

序章　多様性の時代の正義

バイセクシュアルのスーパーマン？

スーパーヒーローたちは、相変わらず元気である。MCU（マーベル・シネマティック・ユニバース）の世界は拡大の一途だし、日本ではウルトラマンや仮面ライダーといった往年のヒーローたちが、装いを新たにスクリーンで躍動している。ヒーローをモチーフにした漫画やアニメ作品も変わらず豊富だ。

だが、それらのヒーローたちが、「多様性」が叫ばれる現在、奇妙な屈折なしでは存在を許されなくなっていることも確かだ。正義と悪の区別に悩むヒーロー、民衆に批判されるヒーロー、年老いていくヒーロー、そしてなんといっても、男らしさ全開では全然説得力を持ちえなくなったヒーロー。

実際、とりわけアメリカのヒーローものでは、「白人・男性・異性愛者・健常者・ミドルクラス」というマジョリティ属性のヒーローは保留抜きでは描けなくなっている。例えば、ヒーローと言えばみながまずは思いつくであろうスーパーマン。そのスーパーマンがバイセクシュアルであるという設定が物議をかもしたのは記憶に新しい。

そう、あの、白人でマッチョでセクシーで異性愛者のスーパーマンが、バイセクシュアルになったのである。

二〇二一年に出版された「スーパーマン」シリーズの『スーパーマン：カル＝エルの息子』では、オリジナルのスーパーマンであるクラーク・ケントとロイス・レインとの間の息子ジョン・ケントが新スーパーマンとして活躍するが、その第五巻では、世界のあらゆる人を救おうとしてバーンアウト状態になってしまう。そんなスーパーマンを介抱するのが、友人で記者の日系男性ジェイ・ナカムラであった。長い眠りから覚めたジョンはジェイとキスをする。新スーパーマンはバイセクシュアルであることが明らかにされたのだ。

図1 『スーパーマン：サン・オブ・カル=エル／ザ・トゥルース』（2023年、小学館集英社プロダクション） © & TM DC

　作者のトム・テイラーは、「より多くの人が、コミック界で最もパワフルなスーパーヒーローの中に自分を見ることができるようになりました」と述べた。[*1] 実際、多くのファン（とりわけ同性愛者のファン）は、自分が同一化できるスーパーマンがようやく登場したと喜んだ。
それに対しては、予想されることではあったが、反対の声も起こった。極端で代表的な声は、保守派FOXニュースでの、ジャーナリスト、レイモンド・アローヨのそれだっただろう。彼は「彼らはなぜスーパーヒーローを性的に描写するのか?」と問いかけ、「私はバットマン、スーパーマン、スパイダーマンの申し子でした。そういったヒーローが大好きだった。私たちはヒーローたちに、悪者を捕らえて欲しかっただけであって、性病に捕らわれて欲しかったわけじゃない。私たちの漫画のヒーローには手を出さないでそっとしておいて欲しいね」と述べた。[*2]
もちろん、スーパーヒーローたちはずっと「性的に描写」されてきた。異性愛者として。スーパーマンの筋肉や性器の形が丸見えのタイツの衣装は、見方によっては性的描写そのものである。アローヨはそのことを無視して、同性にキスした途端にそれが「性的」だと非難したわけである。
このようにどう見てもホモフォビック（同性愛嫌悪的）な意見のほかには、既存のスーパーヒーローの設定を変えるのではなく、同性愛の新しいヒーローを創造すればいいじゃないかという「穏健」な意見もあった。ただ、この事例は、オリジナルのスーパーマンではなく、その息子がバイセクシュアルだと設定されたということで、新しいヒーローが創造されたと言えるのだから、その意見も的外れだとは思うが。

「多様性」への反動としての「ザ・ボーイズ」シリーズ

というわけで、ヒーローは分断されている。その分断は、現代のアメリカ社会（そして世界の多くの社会）の分断を表現しているようだ。

それはつまり、リベラル化し多様化するヒーローたちと、それへの反動としてのマッチョ性やナショナリズム、ポストトゥルースへの居直りという、二つのベクトルへの分断だ。これは、二〇一六年の、ドナルド・トランプが大統領となった選挙戦（就任は二〇一七年）でいかんなく表現された。史上初の女性のアメリカ大統領になる可能性があり、（いろいろと問題はあるものの）フェミニストであるヒラリー・クリントンに対して、排外主義、ミソジニー（女性嫌悪）、反知性主義で人気を得たトランプ。そのようなリベラル化とそれへの反動という分断を、近年のヒーローものとそれを取り巻く議論はそのまま表現しているようだ。

そこから、最近では、「ヒーローもの」というジャンルそのものをパロディ化し、従来のヒーローものが拠《よ》って立つ前提を、皮肉な形でひっくり返すような作品が目立ってきている。そのもっとも強烈な例は、メディア企業ヴォート・インターナショナルに奉仕する腐敗したヒーローたちと、そのようなヒーローの被害者の会たる「ザ・ボーイズ」の戦いを描いたテレビドラマ「ザ・ボーイズ」シリーズであろう。

二〇一九年に始まって、今のところ3シーズンが放映されたこのシリーズのヒーローたちのリーダーはホームランダー。この名前（ホームランド＝祖国）がそもそも、二一世紀アメリカの熱に浮かされたようなナショナリズムと排外主義を皮肉に表現している。そしてそれらのイデオロギーにこびりついているのは、「有害な男性性（トキシック・マスキュリニティ）」だ。スーパーマンのようなマッチョな身体《からだ》をタイツで覆うホームランダーは、それまでのマッチョなヒーローたちのパロディそのものだ。

またホームランダーだけではなく、ヴォート・インターナショナルはハラスメント体質の色濃い企業である。ヒーローたちのトップである「セブン」への加入を夢見ていた少女アニー（ヒーロー名スターライト）は、その夢の実現後「セブン」の一人、ディープのセクハラ、というより性暴力（口淫の強要）を甘受したりする（このあたりは #MeToo 運動で告発された、映画業界のセクハラ体質を揶揄《やゆ》しているだろう)。

つまり、ホームランダーをはじめとするヒーローたちはこのドラマでは「ヴィラン」(悪役)なのである。主人公は平凡な青年のヒューイ。彼は、高速移動できるヒーロー、Aトレインが起こした衝突事故で恋人を目の前で惨殺される。物語は、ヒューイの復讐《ふくしゅう》心《しん》を「ヒーロー」たちとの戦いに利用する人間たちの抵抗組織「ザ・ボーイズ」とヒーローとの戦いを主軸とする。

このドラマシリーズはスーパーマン的な男性性を皮肉ると同時に、二一世紀アメリカの、とりわけトランプ主義に象徴されるような排外主義やポストトゥルースと結託したどうしようもない男性性を、批判的に表現する。

そのような男性性と対立するのが「多様性」だ。女性、LGBTQ、非白人、障害者なども今やヒーローになれる時代だ。そして、そういった要素が押し出されるたびにそれは話題となり、お決まりのように称賛の声と反対の声がわき上がる。本書で扱っていく作品の多くもその例に漏れない(例えば非白人女性が主人公で、障害者のヒーロー、ゲイのヒーローを登場させた『エターナルズ』)。

その際に使われる用語は、日本語であれば「ポリコレ」であるし、アメリカであれば最近では「ポリコレ」の語源であるポリティカル・コレクトネス（political correctness）に取って代わったウォーク（woke：「目が覚めた」の意味から、社会問題や差別に対して意識が高いという意味だが、現在一部ではそれが侮蔑語として使われている）である。

確認しておかなければならないのは、「ポリコレに配慮した作品」に対する反感を抱く人の多くは、「政治的な意図」はなく、純粋に作品の出来のことを言っているのだと主張しがちだということである。

例えば、あえてヒーローもの以外の例を取るなら、二〇二三年に公開された実写版の『リトル・マーメイド』である。一九八九年のアニメ版では白人だったアリエルを、実写版では黒人のハリー・ベイリーが演じ、そのことは映画公開前から大きな反感を集めた（ただし、ベイリーのあまりにもすばらしい歌と演技のために、公開後はその声は減ったように思うが）。SNSでは #NotMyAriel というハッシュタグ運動まで起きた。

そのような主張をする人たちは、おそらく「人種差別の意図はない」と言うだろう。しかし、人種差別とは、そして差別一般は、そのようにして生じるのだ。つまり、誰も自分が差別者だと思い、公言しながら差別はしない。意図なく行うのが差別なのである。

そのようなわけで、多様性を推進させる制作側と、そこにポリコレもしくはウォークの匂いを嗅ぎつけて、意識的であれ無意識であれ反感を表明して結果的に差別・排外主義に走る人びととの間の分断には、当面解決の糸口は見当たらない。そのような状況そのものを劇化してみせたのが「ザ・ボーイズ」シリーズだった。

正義はどこへ行く

問題は、多様性の時代に正義はどこへ行ったのか、というふうにまとめられるだろう。それに対する一つの簡単な答えは、多様性こそが正義である、というものだ。だが、本書でこの後詳しく論ずるが、そのロジックの先にも袋小路が待ちかまえているだろう。つまり、多様性が正義であるのなら、悪は存在しうるのかという袋小路だ。価値観の多様性を突き詰めると、正義と悪との区別は見失われてしまうのではないか。現在の「多様性とヒーロー」をめぐる問題の本質はそこにありそうだ。

本書では、最初は直接に現在的な多様性と正義との関係を問うのではなく、少し時代をさかのぼり、そもそもアメリカ的なヒーロー、アメリカ的な正義とはどのようなものであったかを考察するところから出発したい。少々遠回りに思えるかもしれないが、現代のヒーローたちが直面している正義をめぐるジレンマ——正義の多様化、相対化の果ての無効化――が、意外と長い歴史を持っていることが分かるだろう。新しい問題は、古い問題の変奏であったり、古い問題の「型」が新しい時代において別の姿を現したものだと分かるだろう。そのように理解することは、新しい問題を乗り越えるための重要な方法になるはずだ。

その上で本書の後半では日本に視点を移す。日本のヒーローものを考えるには、アメリカに見出《みいだ》したものをそのまま適用することはできないだろう。だがその一方でグローバルにメディアが共有されている現在においては、アメリカと日本は同じような問題を共有していることもまた明らかになるだろう。

さて、正義とヒーローの探究の旅に、出かけよう。

第一章　法の外のヒーローたち

ヒーロー物語の「型」と「技」

本書はタイトルの通り、正義の行方というテーマを、ヒーロー映画やアニメ等を通じて考えていく。だが、そのためにはそもそもヒーローとは、英雄とは、そしてその物語とは何かということを考えていく必要がある。

本章ではまず、「物語は「型」と「技」という二つの要素を常に持っている」ということを確認したい。

「型」とは、あるモチーフには時代や文化をある程度横断したパターンが存在するということだ。個々の作品は、そのような型を利用し、場合によってはその型と格闘しながら物語をつむぐ。そして、その個々の努力、個々の作品の実現が「技」なのである。

「型」と「技」との関係は二重のものである。一方で「型」は「技」を可能にしてくれる資源である。ある種の道具箱だ。その一方で「型」は「技」に制限を加えるものでもある。その観点からは、「技」は常に「型」から逸脱しようともがいていると言えるだろう。

ヒーロー（英雄）物語にも、「型」があり、個々の作品の「技」がある。それを理解するためには、マーベルやＤＣ映画だけに議論を狭めていては見えなくなるものが多いのではないか（もちろん、それらはそれ自体膨大な著述の対象になりうるけれども）。

そこで本章では、まずはヒーローものの前提として英雄物語の「型」を確認するところから始めたい。

英雄物語の「型」をめぐる諸説

英雄物語の「型」については、二〇世紀のとりわけ後半に雨後の筍《たけのこ》のように多くの研究が出現した。その出発点に置かれることが多いのは、ソ連の民話研究者ウラジーミル・プロップによる『昔話の形態学』[*1]である。この本は一九二八年に出版されて五八年に英訳されると一気に注目を集め、その後のいわゆる構造主義に影響を与えた書物としても参照される。

『昔話の形態学』は、無数の昔話（民話）がある一定のパターン――つまり、型――に還元できることを発見した。具体的には三一の「機能分類」と七つの「行動領域」の組み合わせである。行動領域は主人公、敵対者、助力者などのキャラクター類型であり、機能分類は「主人公が家を出立する」「主人公とその敵が直接に対決する」「主人公が帰還する」などの、プロットの要素である。

プロップの構造分析に、精神分析、とりわけユングの「原型」の考え方が合流し、一九五〇年代には物語の「型」をめぐる批評がやたらに盛り上がった。

その五〇年代に先んじて出版され大きな影響を与えてきたのはジョーゼフ・キャンベルの『千の顔をもつ英雄』*2だろう。

ジョージ・ルーカスは『スター・ウォーズ エピソード4／新たなる希望』（一九七八年）の脚本を書くにあたって、この本を読んで全面的に書きなおしたという（前掲翻訳書解説）。だから、こういった「原型」をめぐる議論は単にこれまで存在した物語の型を指摘したというだけではなく、その議論自体が二〇世紀以降の物語作成に影響を与えてきたという、複雑な関係が存在する。

それはともかくとして、キャンベルの議論は、彼自身が下巻八八頁の「英雄の旅」の図に要約している（図2）。

重要なのは、この図が円環構造をとっていることだろう。つまり、英雄は故郷から出発し、さまざまな試練や戦いを経て故郷に帰る。これが英雄物語の基本形なのである。彼はこの基本形をモノミス（単一神話）と呼ぶ。

また重要なのはこの円環の物語がいわゆる「貴《き》種流離《しゅりゅうり》譚《たん》」となっていることだ。英雄物語において、主人公は多くの場合、その貴族的な出自を隠している。そして、旅の終わりに至って貴族だったり王の血筋だったりといった真のアイデンティティが明らかにされる。それが貴種流離譚である。

　例えば、英雄物語の原型そのものと言っていいホメロスの『オデュッセイア』を考えてみよう。主人公のオデュッセウスはトロイア戦争の後、女神カリュプソーの島に囚《とら》われて彼の国イタケーに帰還できないでいる。イタケーへの帰還の旅は、息子の目を潰された恨みを持つポセイドーンの妨害によって困難を極める。

　一方で故郷イタケーのオデュッセウス邸ではオデュッセウスの妻ペーネロペーへの求婚者たちが傍若無人の限り

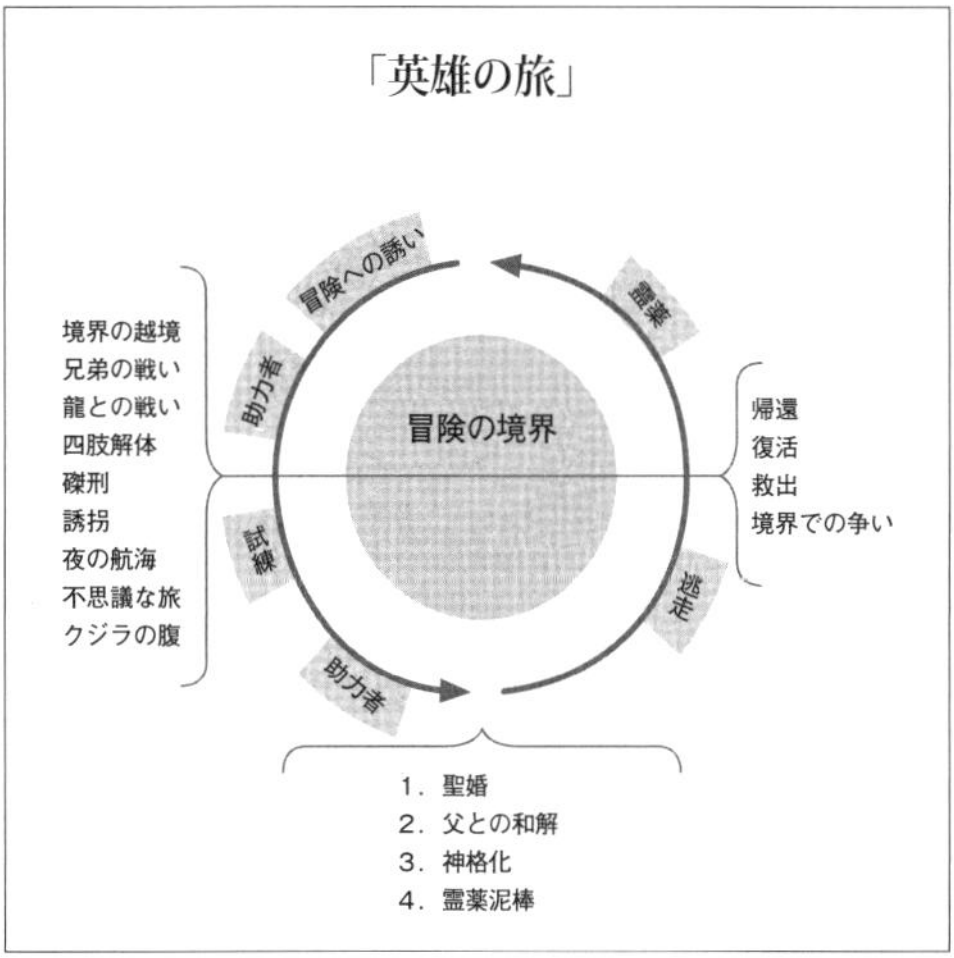

図2　ジョーゼフ・キャンベル『千の顔をもつ英雄〔新訳版〕』下（2015年、早川書房）より

をつくしている（古代ギリシャでは有力者は客人を無条件に歓待せねばならず、求婚者たちはその慣習を利用して好き放題をしていた）。最終的に老人の姿に身をやつしたオデュッセウスは帰還し、求婚者たちを討ち果たす。

このように、オデュッセウスはその真の姿を隠しつつ、一巡りして自分の国と家へと帰る。『オデュッセイア』は私が重要だと述べた二つの特徴（円環構造と貴種流離譚）を備えていることがお分かりいただけるだろうか。

円環構造と貴種流離譚はなぜ重要か

私がこの二つの特徴が重要だと考えているのは、それらが英雄物語の現代的バリエーション（技）を考えるにあたって鍵となるからである。そこで、この二つについて少し掘り下げてみよう。

まず円環構造について。英雄物語は、キャンベルの図に従えば出発点と同じ場所に戻っている。確かに、『オデュッセイア』は、オデュッセウスが王として帰還し、イタケーの秩序が回復されることで円環を閉じる。

だが、ここで考えておきたいのは、出発点（イタケーAとしておこう）と終着点（イタケーBとする）は同じものか、という点である。イタケーAとイタケーBは、オデュッセウスが王として君臨するという大まかな意味では確かに同じである。

しかし、本当にそうだろうか。例えば、ちょっと想像をたくましくして、オデュッセウスの息子テーレマコスの内面に何が起きたかを考えてみたらどうだろう（実際は、現代小説などと違って、ホメロスの物語で登場人物の内面が描かれることは少ないのだけれども）。

テーレマコスは父を探す旅に出かけ、老人の姿の父と再会し、父とともに求婚者たちを殺害する。私にとっては『オデュッセイア』はオデュッセウスの物語であると同時に、テーレマコスの成長の物語としても想像されてしまう。

テーレマコスに成長があったなら、そして彼と同様にほかの登場人物たちにも変化があったなら、イタケーAとイタケーBはもはや同じものとは言えないだろう（このテーレマコスの物語、つまり父探しと成長の物語は、それ自体重要な「型」なのだが、それについては次章で論じる）。

このように、英雄物語における円環構造は、「差異をともなった円環」である。物語の出発点の秩序と、終着点の秩序は異なっている。その差異のあり方は、当然に時代や文化、そして個々の物語によって違うだろう。

イタケーAとイタケーBの差異のあり方を説明するアイデアの一つは、文化人類学者のクロード・レヴィ＝ストロースによる、「冷たい社会」と「熱い社会」という有名な対立概念である。

冷たい社会とは、変化のない社会であり、熱い社会とは、変化を基本とする社会のことだ。例えば自分の父母の世代と、自分の世代の生活が、基本的には同じことのくり返しであるような社会は冷たい社会であるし、生活水準などが向上していて当然だと考えるのが熱い社会である。その意味で、現代の社会はどこまでも熱い社会だと言える。

イタケーAとイタケーBの同一性と差異は、そのままその社会の冷たさと熱さの問題であるだろう。冷たい社会であればAとBは同じであろうし、熱い社会になればなるほどAとBの差異は大きくなる。その意味ではテーレマコスの成長にAとBの差異を見出そうとした私の読解は、少し現代的な「熱い社会」の前提に寄せすぎであるかもしれない。

この円環構造と、二点目の貴種流離譚は深く関わる。貴種流離譚とはつまり、主人公がまずは彼の故郷（共同体・国）から放逐され、従来のアイデンティティを奪われ、その後にその秩序へと還《かえ》っていく物語を指す。

それに関して押さえておくべきなのは、（1）前提として主人公が共同体の法秩序の外側に放逐されなければならないということと、（2）主人公が帰還して作りなおす共同体の秩序は、当初の秩序とは異質なものになる可能性もある、ということだ。

以上が、本書の出発点となる英雄物語の「型」である。貴種流離譚（法秩序からの放逐）と、差異をともなう円環構造（共同体秩序の作りかえ）という二つの組み合わせだ。では次に、現代においてその「型」に基づいてどのような「技」がくり出されているか、見てみよう。

『ダークナイト』の衝撃

考えてみたいのは「バットマン」、その中でもとりわけ、私がその映画作品の最高傑作だと思っている、クリストファー・ノーラン監督による「ダークナイト」三部作の第二作『ダークナイト』（二〇〇八年）である。

『ダークナイト』を公開当時に観《み》た私は、かなり深い驚きを覚えた。『ダークナイト』はアメコミものの文法をさまざまな意味で破っている作品に思えたのである。

正義と悪との明確な区別とそれに基づく勧善懲悪、善の主人公の内的葛藤のなさ……そういったものをかなぐり捨て、『ダークナイト』はヒリヒリするようなリアルさを獲得し

図3　ジョーカー（『ダークナイト』より）　写真：Everett Collection/アフロ

た。旧来のアメコミヒーローものとは一線を画するように思えたのである（漫画的ではないリアルさを追求するヒーローものはその後多く作られるようになったが、おそらく『ダークナイト』の影響は絶大だろう）。

その「ヒリヒリするようなリアルさ」の大きな源泉は、バットマンが既成の「正義」の内部にとどまる存在ではないことだ。バットマンはゴッサム・シティの犯罪を警察という法秩序の外側で取り締まる自警員である。法の外側、というよりは法がそもそも成立しなくなっている混沌《こんとん》状態（警察組織も腐敗している）において「自らの法」に従って裁きを行う。

このことは、故ヒース・レジャーによって

極上の演技を施されたジョーカーとの対決によって強調される。ジョーカーが逮捕された際の取り調べ室での二人の対決は、映画史上に残るべき名場面だろう。

このシリーズのバットマンは、地獄の底から聞こえてくるような低いしゃがれ声を特徴とする。『バットマン ビギンズ』（二〇〇五年）で描かれたように、バットマンは恐怖の対象として自己演出をすることによってゴッサム・シティに平和をもたらそうとした。

つまりバットマンはダークヒーローの類型に当てはまるのだが（ちなみにダークヒーローは、イギリスの詩人バイロンに由来する「バイロニック・ヒーロー」という系譜に属する）、ダークヒーローは共同体とその法の外部に出る、または放逐されることによってこそ、ある種の「正義」を守れるのである。

そのように考えると、『ダークナイト』はじつのところ、ヒーローものの文法を破ったというよりは、ヒーローものの一つの本道だったのかもしれない。つまり、前節まで論じた、貴種流離譚と円環構造という「型」を使った現代版の「技」だったのかもしれないのだ。

そのことを理解するために、『ダークナイト』と原理的に類似しており、アメリカの文化的系譜という意味でも重要なある作品について述べておこう。西部劇の名作、『真昼の決闘』（一九五二年）である。

アメリカ的正義の本道としての『真昼の決闘』

『真昼の決闘』はフレッド・ジンネマン監督、ゲイリー・クーパーとグレース・ケリー出演の西部劇である。映画全体は一〇時三五分から正午（映画の原題はHigh Noon＝正午）の決闘までを描いており、映画の上映時間と出来事の時間経過が一致している。

ハドリーヴィルの町の保安官ウィル・ケインは、その日にエイミーと結婚し、退職してこの町を去る予定である。ところがそこに、ケインがかつて逮捕した悪党のフランク・ミラーが釈放され、正午の列車で町に来るという知らせが届く。一味とともにケインに復讐をするつもりなのだ。

一旦はエイミーとともに逃げようとするケインだが、思いなおして町に戻り、保安官としての職を全うしようとする。ところが、クエーカー（プロテスタントの一派で平和主義・非暴力主義を信条とする）のエイミーには愛想を尽かされ、町の人びとに、ミラー一味との決闘に加勢するよう働きかけるものの、恐れをなした人びとはそれに応えないどころか、教会での集会ではミラー一味の標的であるケインが町を去るべきだという決議までなされる。

ケインは結局一人で一味と決闘することになり、遺書を書く。正午の列車で到着したミラー一味との決闘では、エイミーの密《ひそ》かな加勢も得て、勝利する。彼を称賛して集まる町の人びとの中、ケインは保安官のバッジを地面に投げ捨て、エイミーとともに町を去る。『真昼の決闘』は、正義を体現し、ゆるぎなく強力な保安官を中心とするそれまでの西部劇のパターンを塗り替えた。彼は町の人びとからの支持を得られず、それでも死を覚悟しつつ町を守ったからだ。

だが、ここまで述べたことからすれば、それまでの西部劇からの逸脱に見える『真昼の決闘』こそ、英雄物語の本道に接近していることが分かるだろう。

まずこの映画は貴種流離譚的である。ケインはハドリーヴィルの保安官（＝王）であるが、その町のコミュニティから放逐される。ミラー一味との対決にあたってコミュニティに支持されるどころか、彼こそが悪を引き寄せているものとして弾劾されてしまうのだ。

円環構造についてはどうだろうか。確かに『真昼の決闘』は円環構造をなしている。町の秩序はミラー一味によって脅かされるのだが、ケインが彼個人の信念と「正義」を貫くことによって、町の秩序は回復される。秩序の危機と回復という円環構造をこの映画は持っている。

だが、作品冒頭の町の秩序と、結末における秩序には大きな差異がある。その差異はもちろん、ケインの不在である。いや、元々ケインは保安官を辞めて町を去る予定ではあったものの、彼の「去り方」が決定的に異質なものになっているのだ。

ハドリーヴィルAとハドリーヴィルBの秩序と法はまったく違う。町の人びとは、ミラー一味から町の秩序を守るためという名目でケインを追放しようとした。しかしおそらくケインが去ったところで町の秩序は守られなかっただろう。それどころか、彼が去れば残されるのは真の無法状態だっただろう。ハドリーヴィルBの秩序は、秩序を保った張本人であるケインの追放という罪を背負った秩序になっている。

『リバティ・バランスを射った男』における法と秩序と暴力

『真昼の決闘』の図式をさらに明確化し、おそらく『ダークナイト』の直接の参照先になっているのが、ジョン・フォード監督の『リバティ・バランスを射った男』（一九六二年）である。この文脈でフォード監督作品を論じるなら『アパッチ砦《とりで》』（一九四八年アメリカ公開／一九五三年日本公開）なども挙げるべきだろうが、ここでは『リバティ・バランス』に議論を集中させる。

この作品にもみごとに、貴種流離譚と差異をともなった円環構造、そして法と秩序の外部の正義／暴力という問題が出そろっている。

舞台は西部の町シンボン。現在は有名な代議士であるランスが、トム・ドニフォンという貧しい男の葬儀のためにシンボンを訪れる。ただ事ではないと察した地元の新聞社の記者たちに向けて、ランスは二五年前の出来事を回顧する。

二五年前、若き弁護士であったランスは荒くれ者のリバティ・バランスの一味に襲われて身ぐるみはがされ、牧場を営むトム・ドニフォンに助けられ、トムの恋人のハリーが働くレストランで皿洗いに身をやつすことになった。

西部では銃と暴力が物を言うという哲学のトムに対して、あくまで法によってバランスを裁くことを主張し、「法と秩序」の基礎としての教育を町の人びとに施すなどする。だが結局はバランス一味が地元の新聞社の編集長にひどい暴力を振るうに至って、ランスはバランスと決闘し、彼を射殺することになる。

折しも町では、その地域を州へと昇格させるための運動が起きており（バランスはそれに反対する保守派の牧場主たちの手先だった）、バランスを倒したランスは連邦議会への代表に推薦される。「法と秩序」を破って暴力に訴えてしまったランスはためらうが、トムが決闘の真実を告げる。じつは、ランスがバランスを撃ったと思った瞬間に、別の角度からトムがバランスを撃っていたのである。

ランスはその後、初代州知事、上院議員などを歴任することになる。

以上の物語を聴いた地元新聞の記者は、その物語を書き留めたメモを燃やしてしまう。そしてランスに、「ここは西部です。伝説が事実になったのなら、伝説を記事にします」と言い、映画は幕を閉じる。

『リバティ・バランス』もまた、ランスが皿洗いに身をやつしていたのが、最後は州知事・上院議員になるという貴種流離譚である。ただし、その円環構造については『真昼の決闘』とは少々異なる。シンボンというコミュニティは最初からバランスの暴力になすすべがなく（保安官はまったく力のない情けない人物）、ランスはそのコミュニティの外側から「法と秩序」をもたらそうとする。

だがそれは失敗し、結局は法と秩序の外側（暴力、決闘）に出ることでしか、無法状態を解消することはできない。ただし最終的にそれを肩代わりするのがトムなのである。トムの「犠牲（＝共同体の外側に放逐されること）」によって、そしてその事実を隠蔽することによって「法と秩序」は保たれる。

二〇世紀アメリカの孤立した正義

『真昼の決闘』では、ケインが共同体の外側に出たがゆえにこそ、共同体の法をアップデートして守ることができた。自己充足的な内部の法だけでは、ハドリーヴィルの町の秩序は守られなかった。ケインが共同体から放逐されることこそが、正義のために必要だったのだ。

対して『リバティ・バフンス』の場合、ランスは法の外側の暴力に訴えることによってこそ、民衆に支持されて「正義」とされる。だがランス自身はそれを許すことができない。そこで、トムが実際の暴力は肩代わりするのである。

この二つの映画は、少々のひねりを加えつつも、法と秩序（つまり共同体）の外側の暴力に訴えることこそが本当の正義をもたらす、という部分では一致している。

私はこれが、差異をともなう円環構造と貴種流離譚という「型」を利用した、二〇世紀アメリカ的な「技」だと考えている。つまり、正義は共同体の外側に放逐された英雄によってこそもたらされるという「技」である。英雄とは、共同体の外側にいることによって法に変化をもたらす触媒なのだ。

これは、アメリカの国際政治的な自己認識に深く関係しているのではないか。つまり、いわゆる孤立主義である。国際政治には干渉しないというアメリカの孤立主義は第二次世界大戦をもって破られることにはなるのだが、文化的伝統は簡単に切断されるものではない。

アメリカは「孤立した正義」を備えた存在なのであり、国際社会という共同体の外側で自分だけの正義を持っているからこそ新たな秩序をもたらすことができるのだ、という信念は、一九五〇年代からは「新孤立主義」という名を与えられていた。ここには矛盾とその解消がある。アメリカは国際秩序からの孤立という伝統を大事にしている。しかし介入はしたい（もしくはせねばならない）。そこで出てくる解は、「孤立していることによってこそ秩序に介入できる」というものなのである。『真昼の決闘』や『リバティ・バランス』は、伝統的な孤立主義と二〇世紀後半の朝鮮戦争やベトナム戦争などの介入主義の矛盾を解消する「新孤立主義」の映画なのだ。

さて、『ダークナイト』が現代版の『真昼の決闘』ならびに『リバティ・バランス』であることについて、もうそれほどの説明はいらないだろう。バットマンはゴッサム・シティの「共同体の外部」にいるからこそ、正義をもたらすことができる。

「光の騎士」たるハービー・デントがジョーカーの策略にはまって闇に落ちトゥーフェイスとなり、バットマンとの対決で命を落とした後、バットマンはジョーカーの陰謀を阻止するために、デント殺しの罪をかぶり、正義の闘士としてのデントの名誉を守る（つまり、『リバティ・バランス』で言えば、バットマン＝トムで、デント＝ランスである）。

この結末はまさに、共同体の外部に放逐され、なおかつ自分だけで「孤立した正義」を守ることによってこそ共同体のアップデートの触媒になるという、西部劇で確立されたヒーロー像の伝統に則ったものになっているのだ。

ポピュリズムの現在地

だが、『ダークナイト』は『真昼の決闘』や『リバティ・バランス』が生み出した西部劇の図式をそのまままくり返しているのだろうか？　二〇〇八年の作品ならではの現代性がそこにはないのだろうか？

私は、『ダークナイト』は西部劇が確立したような、二〇世紀的アメリカのヒーロー物語の臨界点に存在する作品だと考えている。それを考えるには、正義と悪、加えて「ポピュリズム」という言葉を導入する必要があるだろう。

この作品のジョーカーは、従来の愉快犯的な悪さと同時に、人間からその「悪」の側面を引き出す狡知《こうち》を最大の特徴とする。物語の後半では、ジョーカーが、「光の騎士」であるハービー・デントを悪の道に引きずりこむことに成功する。

取り調べの場面においても、ジョーカーはバットマンの中から「悪」を引き出す一歩手前に迫る。この場合、その「悪」はジョーカーに対する暴力であり、復讐である。

しかし、最後にはジョーカーは人びとから「悪」を引き出すことに失敗する。それは、彼が行うある「社会実験」の失敗だ。その社会実験とは、囚人たちが乗ったフェリーと、一般市民の乗ったフェリーに爆弾をしかけ、その二艘《そう》の爆弾の起爆装置をお互いの船に渡すというものである。この「社会実験」では、最初はどちらの船でも起爆装置を起動させるという意見が出るが、最終的にはどちらも起爆ボタンを押さないという結論を出す。ジョーカーは囚人や市民から「悪」を引き出すのに失敗するのだ。

作品を通じて、バットマンはジョーカーを殺せる場面に少なくとも二度遭遇するが、二度とも彼を救う。彼を殺せば、それはジョーカーの思うつぼだからである。ジョーカーは自らを殺させることでバットマンを「闇落ち」させようとしたが、それに失敗したのだ。

　そのようなジョーカーの存在には二通りの解釈が可能だろう。一つはある種素直な解釈で、ジョーカーは人びとの「悪」を引き出して闇落ちさせる「悪」だというものである。その場合、バットマンはそのような「悪」と戦う「正義」である。

だが、この作品は正義と悪との境界線を、もっと危険な形で踏み破っている部分があるのではないかと思う。それは、この作品がここまで述べたような意味での英雄物語、つまり英雄は共同体の法の外側に出てこそ英雄になれるという意味での英雄物語であることに由来する。

　簡単に言えばこういうことだ――共同体の法の外側にいるという意味で、バットマンとジョーカーの間にどんな違いがあるのか？

　もちろん、素直に読めば、物語は二人の間の違いを肯定することを本体としている。先述のフェリーの「社会実験」では、結局は囚人の船も一般市民の船も、起爆ボタンを押すことをしない。人びと（ピープル）の中には（囚人の中にさえも、また囚人を人扱いしない中流階級の中にさえも）「善」がある。それがジョーカーの「悪」を敗北させる。これが『ダークナイト』の本筋である。

だが、現在の私たちは、そのような物語を信じることができるだろうか？　現在の、というのは、トランプ以後でありポストトゥルースの現在ということだ。

アメリカだけではなく世界を席巻しているように見えるトランプ的なポピュリズムを経験した後で、私たちは『ダークナイト』の最後に置かれたような人びとの中の「善」にすべてを賭けることなどできるのか？　むしろ、ジョーカーこそこの世の真実の側にいたのではないか？

『ダークナイト』の続編たる『ダークナイト　ライジング』（二〇一二年）が、ポピュリズムを主題としたことは、それゆえに、必然であった。『ダークナイト　ライジング』の悪役ベインは、ゴッサムを封鎖し、ハービー・デントとバットマンについての真実を暴露して、市民が偽物の正義のもとに暮らしていたことを明らかにする。

解放された囚人らの「市民軍」が上流階級に復讐をする場面は、この映画の公開の九年後、二〇二一年一月に発生した、トランプ支持者による連邦議会議事堂襲撃事件を彷彿《ほうふつ》とさせずにはおかない。

ポピュリズムは常に表裏一体である。それは弱者たちが団結して権力者に対抗することでもありうるが、弱者たちがさらなる弱者を排斥するような政治にもなりうる。

それらを左派ポピュリズムと右派ポピュリズムと名づけるのは簡単であるが、トランプ主義のような政治を目の当たりにした私たちは、それらのポピュリズムの間の違いについてそれほどの確信を持つことはできなくなっているし、それゆえに『ダークナイト』がかろうじて体現したような、二〇世紀アメリカ的な「正義」についても確信が持てなくなっているだろう。

であるから、あえて断言するならば、『ダークナイト』はすでに時代遅れとなっている。『真昼の決闘』以来の英雄物語とともに。「バットマン」シリーズの新作『THE BATMAN—ザ・バットマン—』（二〇二二年）に、それほどに見るべきものがなかったのはそのためだろう。この作品に『ダークナイト』的なものを超える現代性は、残念ながら感じられない。

実際、こういった問題を、アメリカのスーパーヒーローものの一部はちゃんと意識している。必然的に浮上する作品は、『ジョーカー』（二〇一九年）であり、『スパイダーマン：ファー・フロム・ホーム』（二〇一九年）、『スパイダーマン：ノー・ウェイ・ホーム』（二〇二二年）ということになるだろう。

これらの作品については本書で続けて考察するとして、その前史に『ダークナイト』が存在し、それがどのような「型」に基づく「技」であったかを理解しておくことは重要であろうと思うのだ。

第二章　二つのアメリカと現代のテーレマコス

MCUはなぜ『アイアンマン』から始まったのか

『ダークナイト』が公開された二〇〇八年は『アイアンマン』の公開年でもあり、マーベル・スタジオが立ち上げられ、その後MCUという形で一つの世界観のもとにさまざまなヒーロー作品が制作されていく出発点となる、記念すべき年だった。

背景を簡単にふり返っておこう。コミックに依存していたマーベルは、九〇年代初頭のコミック収集ブームが過ぎ去った一九九六年には破産してしまっていた。このころまでは、スーパーマンやバットマンを擁するDC映画と比較して、マーベル映画は揮《ふる》わなかった。二〇〇〇年代に入って『X-メン』(二〇〇〇年)や『スパイダーマン』(二〇〇二年)で評価と興行成績を高めていくが、これらの作品はマーベルに大きな利益をもたらさなかった。

その状況をひっくり返したのが『アイアンマン』とそれに続くMCU作品群であった。[*1]

前章では、アメリカのヒーローものは、紀元前八世紀末までさかのぼるホメロス以来の英雄物語の「型」の変奏(技)であり、そこには伝統的な型という制約があるのだが、同時に新たな時代が「技」として刻印されてもいることを論じた。

では、MCUの起源たる『アイアンマン』とそのシリーズはどのような制約としての型と格闘し、どのような技をくり出しているのだろうか。

今でこそアイアンマンはMCUの柱である。確認しておくと、二〇〇八年の『アイアンマン』に端を発するMCUは、『アイアンマン』から二〇一二年の『アベンジャーズ』までのフェーズ1、二〇一三年の『アイアンマン3』から二〇一五年の『アベンジャーズ／エイジ・オブ・ウルトロン』と『アントマン』までのフェーズ2、二〇一六年の『シビル・ウォー／キャプテン・アメリカ』から二〇一八年の『アベンジャーズ／インフィニティ・ウォー』を経て二〇一九年の『アベンジャーズ／エンドゲーム』と『スパイダーマン：ファー・フロム・ホーム』までのフェーズ3に分かれている。

現在進行中のフェーズ4からフェーズ6は「マルチバース・サーガ」と呼ばれ、ユニバース（一つの世界）から平行世界を含むマルチバース（複数世界）へと舞台が広がっていっている。

これは隠しておくわけにはいかないので述べておくと、アイアンマン＝トニー・スタークは『アベンジャーズ／エンドゲーム』の結末で世界を救うことと引き換えに死んでしまう。フェーズ1〜3までは、アイアンマンは作品としてMCUを成功に導いたきっかけであり、ヒーローとしてもアベンジャーズ（マーベル・ヒーローたちのチーム）のリーダーだったのだ。

だが、二〇〇八年の時点でアイアンマンがそのようなキャラクターとして成功することは約束されてはいなかった。それどころか、マーベル・スタジオがMCUをキックオフするにあたってメリルリンチ銀行から資金を用立てた際の制作予定リストに『アイアンマン』は入ってさえいなかった。[*2] アイアンマンはマーベル・ヒーローとしてそれほどの認知を得ていなかったのだ。

そして、アイアンマンであるトニー・スターク役に（初期プランに対してはトム・クルーズやニコラス・ケイジも興味を示したにもかかわらず）ジョン・ファヴロー監督がロバート・ダウニー・Jr.を推したこと、これも大きな賭けだった。ダウニー・Jr.は九〇年代に薬物中毒で身を持ち崩した前歴を持っていたし、それまでブロックバスター映画で主演したこともない俳優だったからだ。

しかし、『アイアンマン』はみごとなヒットを飛ばし、アイアンマン（トニー・スターク）とそれを演じたダウニー・Jr.はその後のMCUの「顔」となった。

私は、これは単なる偶然ではないと考えている。『アイアンマン』は英雄物語の「型」にはまりつつ、二〇〇〇年代という時代を敏感にすくいとって独自の「技」をくり出しえたゆえに、あれほどに重要な作品たりえたのだ。

二一世紀アメリカの新・新孤立主義

前章では、二〇世紀後半〜二一世紀的なアメリカン・ヒーローの基本形である、「共同体の法の外にいるがゆえにこそ、共同体に正義と変化をもたらすことができる」という型が、アメリカの国際政治における孤立主義と関係していると述べた。

その例として、一九五二年の『真昼の決闘』や一九六二年の『リバティ・バランスを射った男』が、五〇年代以降の冷戦と朝鮮戦争などにおける新孤立主義を背景とするのかもしれないと示唆した。また二〇〇八年の『ダークナイト』も、二一世紀アメリカの「孤立した正義」（これを新・新孤立主義と名づけるべきだろうか）を表現する作品だったと論じた。

ただ、二〇世紀後半から二一世紀のアメリカは孤立主義であるどころか、介入主義ではないかと思われる読者もいるかもしれない。朝鮮戦争、ベトナム戦争、アフガニスタン戦争、イラク戦争……国外で戦争ばかりしているではないかと。

ここで少し難しいロジックを理解していただく必要がある。問題になるのは、一方に明確な軍事的介入主義があり、もう片方にそれに対立する反介入主義（孤立主義、さらには平和主義）がある、という図式ではない。むしろ、後者の孤立主義的な感情（アメリカは国際政治という共同体の外側にいるべき）が一巡りして、介入主義を道徳的に正当化する（共同体から離れた一匹狼《いっぴきおおかみ》のアメリカこそが「正義」を体現できる）、ということがありうるというロジックだ。

時代を隔てて、『アイアンマン』はこのロジックをみごとになぞっている。どういうことか、確かめてみよう。

『アイアンマン』は、まずは軍事的介入を行っている現状から始まる。主人公トニー・スタークは親から受け継いだスターク・インダストリーズで兵器を開発製造し、アメリカが海外で行っている戦争にそれを供給している。

二〇〇八年の映画版『アイアンマン』の最初の舞台はアフガニスタンである。一九六八年に発行されたオリジナルコミックス版の『アイアンマン』では、基本の物語は同じで舞台がベトナムになっている。つまり、いずれの作品においても、同時代に進行中であったアメリカによる海外での介入戦争が背景になっているわけである。

さて、トニー・スタークは新兵器のデモンストレーションのためにアフガニスタンに赴いたものの、テロ組織の待ち伏せ襲撃に遭い、胸に爆弾の破片が刺さって重傷を負い、囚われの身となってしまう。そこで、テロ組織の捕虜になっていたホー・インセン博士は車のバッテリーと電磁石によって、破片がトニーの心臓に届かないような処置をする。

テロ組織は二人に、スターク・インダストリーズの新兵器を組み立てるよう命ずるが、二人はテロ組織の目をごまかして、超小型の熱プラズマ反応炉であるアークリアクターを作成してトニーの胸に装着。トニーはアークリアクターのエネルギーで稼働するパワードスーツを作り、それによってテロ組織の拠点からの脱出に成功する。

アフガニスタンで自分が売った兵器が民衆を抑圧しているさまを目の当たりにして反省したトニーは、アメリカ帰国後、スターク・インダストリーズの軍需産業からの撤退を発表する。それから、自宅で誰にも知られることなくパワードスーツの開発を続け、「アイアンマン」を完成させて、テロ組織との戦いに乗り出す。

以上が『アイアンマン』の基本設定である。この作品はまずは9・11アメリカ同時多発テロ事件への反応としてのアフガニスタンでの「対テロ戦争」(二〇〇一～二一年)というう軍事介入を否定する。軍需産業から撤退するというトニーの宣言は、非介入主義であり、さらには反戦主義や平和主義に近づくものである。

だが、それは単なる平和主義ではない。トニー・スタークは自らのアイデンティティを隠しつつ、密かに一人で「敵」を圧倒しうる力を手にして、それを行使する。ここには、前章で確認した、「孤立した正義」としてのヒーローが共同体の外側から新たな法と正義をもたらすというパターンが見て取れる。

であるなら、現実の戦争との関係で考えたときに、どういうことになるのだろうか。スタークはアフガニスタン戦争を全面的に否定する反戦主義者になるのだろうか。そんなことはない。スタークの行動は反戦主義などではまったくなく、道徳的にも正義という観点からもあやしかったイラク戦争やアフガニスタン戦争を、否定しながら（否定することによってこそ）肯定する。国による軍事行動は否定するのだが、よりスマートな技術による、外部的な個人（スターク＝アイアンマン）による介入は肯定する。そこには、先述のロジックが作動していることが分かるだろう。それは、介入主義を道徳的に肯定するための孤立主義なのだ。

GAFA的な富とヒーロー

この、アメリカの介入主義の正当化にはもう一つのレイヤーがある。介入主義と一緒に、あるものが道徳的に正当化されている。それは、「金儲《かねもう》け」だ。

トニー・スタークは億万長者である。そこだけを取れば、「バットマン」ことブルース・ウェインも同じである。つまりこれらのヒーローは生まれながらにして巨万の富を持っているが、そのことは彼らが仮面をかぶってヒーローとして社会の改良に身を捧《ささ》げているという事実によって正当化される。

そこに働いているのは一九世紀以来の「慈善」のイデオロギーとも言える。[*3]だが、トニー・スタークについては、その「慈善」がどのように作用しているかを、もっと二一世紀アメリカ的な、具体的な文脈で見る必要があるだろう。

トニーは、カリフォルニア州のマリブの風光明媚《めいび》な海岸に大邸宅を構えている。マリブはロサンゼルス郊外の高級住宅地であり、ハリウッドのセレブたちが豪邸を構えているので有名な地区だ（ほかならぬロバート・ダウニー・Jr.自身がマリブに住んでいる）。

トニー自身はハリウッドのセレブではないが、このマリブの豪邸が連想させるのは、ハリウッドも含めた西海岸的な富であろう。つまり、二〇世紀終わりから伸長してきた、現在ではGoogle、Apple、Facebook（現・Meta）、Amazon の頭文字を取ってＧＡＦＡと呼ばれる（この略称は日本や欧州の一部でしか使われていないようだが）、ビッグ・テック企業の富である。

ちなみに、『アイアンマン』の公開後、トニー・スタークのモデルは、実業家でGAFA的資本主義を体現するイーロン・マスクではないかともっぱらの噂《うわさ》であった。『アイアンマン2』ではそれを肯定するかのように、イーロン・マスクがカメオ出演をしている。この観点から見ると、トニーが軍需産業から足を洗うことには、また別の歴史的意味があるように思える。

つまり、（現代兵器は高度なテクノロジーを必要とするとはいえ）ある種旧来的な産業である軍需産業から、よりスマートなテクノロジーによって富を蓄積し、世界を変えるような産業へと、スターク・インダストリーズが脱皮していく物語という側面を、『アイアンマン』は持っているのである。ここにはさらに、新旧の産業とそれを支えるエネルギーの転換が重ねられる。アークリアクターは、イメージとしては超小型の原子炉だ。かつての産業を支えた化石燃料とは一線を画した、スマートでクリーンなエネルギーである。

ここまで見てくると、『アイアンマン』はある二項対立を構成原理とし、その対立を想像的に——というのはつまり、現実の解消不可能な矛盾を隠蔽する形で——解消しようとする物語であると分かるだろう。

その二項対立とはすなわち、西海岸的で、スマートで、リベラルで平和主義的なアメリカと、南部的で、マッチョで、保守的で介入主義的なアメリカとの間の対立である（ここでの西海岸／南部はもちろん比喩である。ニューヨークなどの東海岸地域もリベラルであるし、「南部」は広い意味では現在ラストベルトと言われるような、かつて重工業で栄えた中西部〜大西洋岸中部地域も含意している）。

トニーはまずはこの二項の後者から出発し、アフガニスタンでの反省を経て、前者の西海岸的なリベラルさと平和主義に傾くように見える。だがそれで終わらず、結局は介入主義と平和主義との間の矛盾を調停して暴力的介入を正当化していることは見た通りだ。そこにはさらに、富を道徳的に正当化するというレイヤーが重ねられている。

つまり、軍需産業による官僚主義的・国家主義的で暴力的な富の蓄積よりも、GAFA的なスマートな富の蓄積が道徳的にはより正しいものとされる。そのすべてが、トニー・スタークの「孤立した正義」によって正当化されるのである。

新しい資本主義の精神

ここには、二〇世紀から二一世紀にかけて、アメリカだけではなく世界的に生じた資本主義の質の変化もまた、重ねられていると見ることができる。

それは福祉国家／フォーディズム的な資本主義から、新自由主義／ポストフォーディズム的な資本主義への移行である。前者が大きな政府と官僚組織のもとでの、重厚長大な第二次産業の生産を中心とする資本主義であったなら、後者は小さな政府と民営化・市場の自由のもとで、サービス業やクリエイティブ産業、ITやバイオテックといったスマート産業が中心となるような資本主義である。

この移行の時期についてはさまざまな議論があるが、マルクス主義地理学者のデヴィッド・ハーヴェイは一九七二年という年号を提出している。ふつう新自由主義というと一九八〇年代のサッチャリズムやレーガノミクスと結びつけられることが多いものの、社会や生産様式の変化はより早くから準備されていたと見るべきだろう。[*4]

『アイアンマン2』冒頭でのトニーの台詞《せりふ》はこのすべてを要約しているかもしれない——曰《いわ》く、「私は世界平和の民営化に成功したんだ」。

マックス・ヴェーバーは『プロテスタンティズムの倫理と資本主義の精神』で、キリスト教のプロテスタントの道徳（倫理）がいかにして資本主義を正当化し推進する「精神」となったかを論じた。同じように、この新時代のGAFA的な道徳は、現代的な資本主義と、現代的な孤立主義に偽装された介入主義を正当化するのだ（以上の議論は図4を参照）。

	古い資本主義	新しい資本主義
生産様式	フォーディズム（福祉国家） 第二次産業 化石燃料	ポストフォーディズム（新自由主義） スマートなテクノロジー 原子力・クリーンエネルギー
アメリカ文化・政治	南部的保守主義	西海岸的リベラリズム（GAFA）
『アイアンマン』	反省前のトニー・スターク ハワード・スターク →	アイアンマンとなったトニー・スターク
国際政治	介入主義 冷戦	孤立主義（を装った介入主義） テロとの戦い

図4　「アイアンマン」シリーズをめぐるさまざまな対立項

この観点から見ると、トニーが女遊びが激しいマッチョな性格と、地下のラボにこもって技術開発に没頭するある種オタク的な性格（オタク性はＧＡＦＡ的産業の精神でもある）を兼ね備えていることが、非常に重要だろう。この保守性とリベラル性、マッチョ性とオタク性との間の調停の問題——これを考えるには、最後に、「父探しの物語」としてのヒーロー物語という側面を考える必要がありそうだ。

現代のテーレマコスたち

前章では、英雄物語の原型として『オデュッセイア』に触れた。そこで気にしたのは、主人公のオデュッセウスだけではなくその息子のテーレマコスのことであった。テーレマコスは帰還しない父オデュッセウスを探す旅に出かけ、最終的にはそれに成功する。このテーレマコス的物語、つまり父探しの物語は、ヒーロー物語において重要な位置を占めている。
とりわけ、MCUにおいては父探しの物語とその失敗が重大なテーマ、そして物語のある種の限界となっている。ここでは「アイアンマン」シリーズに限ってそのことを論じよう。

父探しの物語は、当然のことながら、基本的には家父長制を軸にした保守的物語である。だが、「アイアンマン」シリーズにおけるそれは、やはりここまで論じてきた通り、保守的なもの（南部的でマッチョと呼んだもの）と先進的なもの（西海岸的でリベラルと呼んだもの）との「和解」へと導かれている。

それが物語られるのは、『アイアンマン2』においてである。『アイアンマン2』では、アークリアクターの動力源の物質パラジウムが発する毒素にトニーの身体が蝕《むしば》まれる。結果、彼は会社の経営を秘書のペッパーに譲る。

ところがその間に、スターク一族を恨むイワン・ヴァンコがアークリアクターの技術を再現してみせる。世界の人びとはリアクターの技術は唯一無二のものではなく、トニーはそれを不当に独占しているのではないか、トニー一人で世界は守れるのかという疑念を持つ。トニーはヒーローとしての立場を疑われ、自堕落になって友人たちも含めた人びとの信用を失ってしまう。

そんなトニーを救うのが、彼の父ハワード・スタークであった。ハワードに愛されていなかったと思いこんでいたトニーだが、残されたフィルム映像でそうではなかったことを発見する。それと同時に、ハワードがエキスポの会場模型の形で残していた新元素の設計図（当時の技術では生成は不可能だった）を発見し、それをもとに生成した新元素がアークリアクターの新たな動力源となる。トニーはパラジウム中毒を克服し、ヒーローとして復活する。

重要なポイントは、父との和解の中心に新元素の設計図があることだろう。新元素とそれに基づくテクノロジーは、図4では、西海岸的なスマートな技術に属する。トニーにとっての父は、そのようなスマートな技術の理解者ではなく、むしろマッチョな介入主義を象徴する存在だった。だが実際は、そうではなかった。この発見が「和解」をもたらすのである。

言い換えれば、これは息子と父との和解であるとともに、図4に示したような、二世代の異なる資本主義の和解でもある。正確には和解というよりは、新しい資本主義（図の右側）が古い資本主義（図の左側）を吸収していると見た方がいいだろう。

ハワード・スタークは古い資本主義に属すると思われていたのが、じつはそうではなかったという一種の詐術がここでは使われている。彼は、旧来的な軍事産業を司《つかさど》る存在ではなく、「さらにクリーンなエネルギー」をもたらす存在へとすり替えられる。

以上のように、「アイアンマン」シリーズにおけるテーレマコス的な物語にも、本章で論じてきたような二種類のアメリカの間の和解を見出すことが可能である。多重の意味が積み重ねられた対立の解消であるがゆえに、トニーとハワードとの和解は重みを持ちうるのだ。

だが、時代が下るにつれて、そのような物語は不可能になっていく。そのことは、MCUの中での別の（擬似的な）父と息子の物語、つまりトニー・スタークとスパイダーマン＝ピーター・パーカーの物語に示されることになる。

ピーター・パーカーというもう一人のテーレマコスにおいては、父探しは決定的な形で失敗し、それによって本章で見出した二つのアメリカの間の亀裂が、もう一度口を開いて私たちを飲みこむことになるだろう。

第三章　トランプ時代の「お隣のヒーロー」

トランプ時代と新しい資本主義の否定？

前章では、「アイアンマン」シリーズが古い資本主義から新しい資本主義への移行を表現しつつ肯定していること、そしてそれぞれの資本主義が「二つのアメリカ」のイメージに重ねられていることを論じた。二つのアメリカとは、南部的で保守的なアメリカと、西海岸的でリベラル・先進的なアメリカだ。

「南部的なアメリカ」とは正確には、かつての資本主義を支えた炭鉱業や重工業を担った中西部を含むアメリカであるし、「西海岸的なアメリカ」とはニューヨークなどの東海岸のリベラルで多文化的な都市も含む、ＩＴやスマートな技術を基礎とする新しい資本主義の場である。

『アイアンマン』と『アイアンマン２』は、この古い資本主義から新しい資本主義への移行を肯定的に描きつつ、アメリカが行ったアフガニスタンでの介入主義を回りくどく正当化した。その際に、西海岸的な、ＧＡＦＡ的な価値観＝道徳が新たな資本主義の「精神」として肯定されていった。

もう一つ重視したのは、そのような移行が父探しと父の発見（もしくは父との和解）の物語に重ねられたことであった。男性性とヒーローという観点からは、この最後の点が非常に重要だろう。これらすべては、「多様性の時代の男性ヒーロー」をいかにして保存するかという問題として見ることもできる。

さて、『アイアンマン2』が公開された二〇一〇年の後、アメリカには何が起きただろうか。もちろん、二〇一六年の大統領選挙におけるドナルド・トランプの勝利である。実業家としては成功していたものの、当初は共和党の泡沫《ほうまつ》候補で、政治家、とりわけ大統領候補としてはほとんど冗談のような存在だったトランプが、あれよあれよという間に人気を得て、民主党の対立候補ヒラリー・クリントンを打ち負かしてしまった。アメリカはリベラルな「女性」を否定し、新たな（そして古い）「父」を選んだ。

トランプの勝利は、先ほど確認した歴史の展開、つまり古い資本主義（南部的）から新しい資本主義（西海岸的）への展開を過去へと引き戻すものであるかのように感じられた。というのも、トランプの主な支持層は南部や中西部のいわゆる「ラストベルト（錆《さ》びた地帯）」だったからだ。ラストベルトからアパラチア山脈の炭鉱地帯は、製造業を中心とするかつての資本主義体制のもとで繁栄した。しかし二〇世紀終盤から現在にかけて、アメリカの資本主義が変質するとともに、製造業は衰退し、かつての工場の機械は錆《ラスト》びるままに任された。

トランプはこういった地域の失業と貧困にあえぐ主に白人の労働者たちに、「アメリカをもう一度偉大な国に（メイク・アメリカ・グレイト・アゲイン）」と呼びかけた。その呼びかけには二つの特徴があった。一つは排外主義、そしてもう一つはポストトゥルースである。

トランプは、白人労働者たちの苦境を、グローバリゼーションや国内のリベラル層に加えて、移民労働者のせいにした。メキシコとの国境に壁を作るという彼の公約はそのような排外主義の宣言である。

その一方で、そういった主張をするにあたって、トランプとその取り巻きは自分たちの発言の真実性にはまったく頓着しなかった。一例としては、トランプの大統領演説に集まった聴衆の数の問題が挙げられる。ホワイトハウス報道官のショーン・スパイサーは、メディアが聴衆の数を過小評価したことを批判し、就任演説には過去最多の聴衆が集まったと主張した。それは虚偽発言ではないかとNBCの番組で問われた大統領顧問のケリーアン・コンウェイは、それは「代替的な事実（オルタナティヴ・ファクツ）」だと述べた。

既存メディアを敵視して、そういったメディアの情報は「フェイク」だと指弾し、新しい資本主義のもとで苦しみあえぐ白人労働者階級の耳に心地よく響く「オルタナティヴ・ファクツ」を並べ立てる——このような潮流は、「ポストトゥルース」と呼ばれる。この潮流はアメリカだけではなく、同じく二〇一六年の国民投票でＥＵ離脱を決めたイギリス、さらには日本も含めた全世界を覆っているように見える。

ポストトゥルースと「スパイダーマン」シリーズ

つまり、前章で述べた「アイアンマン」シリーズの時代認識はすでに過去のものとなってしまったように見えるのだ。その時代認識とは、古い産業（重工業的な生産業）から新しくスマートな生産（劇中ではアークリアクターのエネルギーに象徴されるが、現実にはＧＡＦＡ的な情報産業）へと時代の中心は移りつつあるという認識である。だが、さらに時代が一巡りして、その新しい資本主義と西海岸的なリベラリズムを、トランプ主義は否定した。そのような時代に、ヒーローもの、とりわけマーベル映画は、どのように応答しているのだろうか？

「スパイダーマン」シリーズの、とりわけジョン・ワッツ監督による三部作のうちの後半の二作はそのような疑問への答えとなっている。ここで論じたいのは、『スパイダーマン：ファー・フロム・ホーム』（二〇一九年）と『スパイダーマン：ノー・ウェイ・ホーム』（二〇二一年）である。

二〇〇〇年以降に限定すると、「スパイダーマン」は三つのシリーズにわたって映画化されている。まずはサム・ライミ監督による『スパイダーマン』（二〇〇二年）から『スパイダーマン3』（二〇〇七年）までの「スパイダーマン」三部作、そして二作で打ち切られてしまった、マーク・ウェブ監督の「アメイジング・スパイダーマン」シリーズ（二〇一二年・二〇一四年）である。

それに続いたのが、ジョン・ワッツ監督による三部作で、その第一作は『スパイダーマン：ホームカミング』（二〇一七年）だ。ピーター・パーカー役にトム・ホランド、MJ役にゼンデイヤを抜擢《ばってき》した新シリーズの一作目には、正直なところ語るべきことはそれほど多くない。しかし二作目の『ファー・フロム・ホーム』と三作目の『ノー・ウェイ・ホーム』は、ここまで述べたポストトゥルースの時代を色濃く反映した作品となっており、衝撃的であった。

『スパイダーマン：ファー・フロム・ホーム』の主題としてのフェイク

『ファー・フロム・ホーム』のあらすじは以下の通り。『アベンジャーズ／エンドゲーム』でアイアンマンが自分の命と引き換えに世界の半数の人びとの命を守ってから八ヶ月。スパイダーマンことピーター・パーカーは、高校の旅行でヨーロッパを訪問し、ヴェニスで買ったアクセサリーをエッフェル塔でＭＪにプレゼントして告白をしたいと夢見ている。しかし、滞在先のヴェニスで水の巨人が現れ、街は混乱に陥る。そこに、空を飛んで緑色の光線で戦うクエンティン・ベック（通称ミステリオ）が現れ、彼の活躍で巨人は倒される。

ベックは、自分はエレメンタルズと呼ばれる巨人たちによって破滅した平行宇宙の地球のスーパーヒーローだと告げる。一方で、故トニー・スタークから、拡張現実防衛システムの「イーディス」を制御するインターフェイスであるサングラスを遺贈されていたピーターは、その後の火のエレメンタルズとの戦いの後、ベックこそがトニーの後継者であると確信して彼にイーディスを譲る。

しかしここで、ベックは偽物のヒーローであることが明らかになる。彼はかつてスターク・インダストリーズを解雇された技術者であり、同じく解雇された技術者たちと共謀して、ドローンとホログラム技術によってエレメンタルズやミステリオを演出していたのだ。

ベックの目的は、ほかならぬイーディスと、イーディスがコントロールできるドローン群の入手であった。ベックは自分たちの秘密に気づいたMJたちを殺害するためにロンドンに向かい、すべてのエレメンタルズが合体した巨人という設定のホログラムを出現させる。もちろんスパイダーマンはベックを倒すことになるのだが、最後の場面で、この陰謀はすべてスパイダーマンによるものであると告げ、スパイダーマンがベックを残虐に殺害する様子を見せるフェイク動画が流され、ピーターがスパイダーマンであることが全世界に明らかにされる。

以上のあらすじだけでも、この作品がいかにポストトゥルースの時代を意識したものであるかが分かっていただけるのではないだろうか。

まず、前述したように、トニー・スタークは『ホームカミング』と『ファー・フロム・ホーム』の間で死んでいる。新たな資本主義を象徴する父の死が、『ファー・フロム・ホーム』の出発点なのだ。そして、トニーという父を失い、自分にその地位を引き継ぐ能力がないと悩むピーターは、ベックに新たな「父」を求める。

そのベックはこれまでにないヴィランである。彼は普通の人間だ。だが、ドローンとホログラムの技術を駆使して別の現実（オルタナティヴ・ファクツ）を創り出し、スパイダー

図5　クエンティン・ベック（写真右、『スパイダーマン：ファー・フロム・ホーム』より）
写真：Everett Collection/アフロ

マンを翻弄する。ベックが今際《いまわ》の際《きわ》に放った言葉「人びとは最近は何でも信じるからな」（原文から著者が翻訳）は、この映画がポストトゥルース化した社会を意識したものであることを物語る。

　だとすれば、ベックたちは何者だろうか？　彼らはスターク・インダストリーズを解雇され、その恨みからこのような犯行に及ぶ。その限りにおいて、彼らはまさに、「アイアンマン」シリーズが表現した新たな資本主義、スマートなテクノロジーによる西海岸的資本主義からの落伍者《らくごしゃ》なのであり、そのような資本主義の影に苦しむトランプ支持者たちと重ねて見ることができる。

　しかしそこには曖昧さもあることを強調せ

ねばならない。彼らがポストトゥルース的なトランプ主義者となったことは、ほかに選択肢のない必然であったとは言えないのだ。ここで、ここまでの議論ではスキップした、最近のアメリカ史上の重要な出来事に思いをはせる必要がある。

それは「ウォール街を占拠せよ」運動だ。二〇〇八年のリーマン・ショックと、それに対して「潰すには大きすぎる（トゥー・ビッグ・トゥー・フェイル）」大手銀行を救済する政府の対応に不満を募らせた人びとは、二〇一一年に金融資本主義の象徴たるウォール街での座りこみ運動を実行した。デモに参加した人びとは、アメリカで上位一パーセントの人びとに富が集中している現状を批判し「私たちは九九パーセントだ」をスローガンにして金融権力に否を突きつけた（このスローガンを考案したのは、最近は「ブルシット・ジョブ」で有名な故デヴィッド・グレーバーであった）。

『ジョーカー』とポピュリズムの両義性

ポピュリズム（民衆主義）には右派ポピュリズムと左派ポピュリズムがあると言われる。ここで問題にしている二つの民衆運動、つまりトランプ支持と「ウォール街を占拠せよ」は、まさにそれぞれ右派ポピュリズムと左派ポピュリズムの表現である。しかもそれらの運動は、非常に広い状況は共有しているけれども、それに対してまったく違う反応をしたものと見ることができる。

広い状況とはグローバリゼーションであり、その中での国内の新自由主義化・金融経済化であり、社会格差の拡大である。トランプ主義はそのような同じ状況に反応する右派ポピュリズムであり、「ウォール街を占拠せよ」運動は左派ポピュリズムとして定義できるだろう。そして、オルタナティヴ・ファクツによって民衆を煽動《せんどう》しようとするクエンティン・ベックたちは右派ポピュリストたちだと、とりあえずは考えることができる。

だが、ポピュリズムの右派と左派はそんなに簡単に区別できないし、区別すべきでもないかもしれない。

そのような両義性を表現したのが、「バットマン」シリーズのスーパー・ヴィランであるジョーカーの前日譚、『ジョーカー』(二〇一九年)であった。『ジョーカー』については拙著『新しい声を聞くぼくたち』[*1]、また杉田俊介『男がつらい!』[*2]で詳しく論じられているのでそちらを参照して欲しい。ここではエッセンスだけを取り出しておこう。

『ジョーカー』の主人公アーサーは貧困に苦しむ障害者の非モテ男性であるが、最終的には彼を抑圧する権力者たち、つまりウェイン証券の社員たちや、彼を笑いものにしようとしているだけの、トーク番組のパーソナリティのマレーに銃口を向ける。

このアーサーの暴力を、そしてそれが引き起こす民衆暴動を「左派ポピュリズム」的なものだと言うことはできるだろうか？　つまり、権力に抑圧され苦しむ民衆の革命的暴力だと？　これには大きな保留が必要になるだろう。

というのも、彼の銃口は必ずしも、原理原則をもって「上」に向けられたものとは言えないからだ。ウェイン証券の社員の射殺はかなり偶発的なものであるし、彼を虐《いじ》めていた同僚のランドルの惨殺にしても、ランドルは確かにアーサーを抑圧はするけれども、社会構造という意味ではアーサーと同じ穴の狢《むじな》なのである。ランドルの殺害は、とても社会変革のための暴力などと呼べるものではない。母の殺害、さらには衝動的なマレーの殺害も同様だ。

そして、ウェイン証券社員とマレーの殺害の結果起こる暴動は、観客にとっては肯定も否定もできない、非常に居心地の悪いものになっている。それは確かに、ウェイン産業をはじめとする金持ちたちに対する反乱であり、その限りでは「ウォール街を占拠せよ」運動に通ずるものがある。バットマン＝ブルース・ウェインの父と母の殺害は、従来の作品では強盗による偶発的な殺害だった。しかし『ジョーカー』においては、暴徒の一人がトーマス・ウェインだと認識して射殺している。それは意識的に「上」に向けられた銃口なのだ。だが、「ウォール街を占拠せよ」運動は決して『ジョーカー』で描かれるような暴力的な暴動ではなかった。

私たちはこの暴力を肯定できるのか、否定すべきなのか。このポピュリズムは「左派」なのか、「右派」なのか。この決定不能性が『ジョーカー』という作品の不穏さの本質である。

「ダークナイト」三部作と左派ポピュリズム＝神的暴力

このことは、第一章で論じた『ダークナイト』と、その続編である『ダークナイト ライジング』との関係にも見て取れるだろう。『ダークナイト』で提示された、「法の外にいるからこそ正義をもたらしうるヒーロー」という伝統的なヒーロー像は、ここまで述べたようなトランプ時代の、右と左のポピュリズムの区別がつけがたくなった時代においては、維持不可能になるだろう。そのようなヒーローは本当に「闇落ち」（つまり右派ポピュリズムへと転落）してしまうかもしれないのだから。

実際「ダークナイト」三部作の第三作『ダークナイト ライジング』の悪役ベインは、

そのような「闇落ち」の可能性を体現する。彼はバットマンがその技を学んだラーズ・アル・グール（『バットマン ビギンズ』の悪役）の門下であり、前作のハービー・デントの秘密を暴いて囚人たちを煽動し、支配層や上流階級に対する反乱を起こしてゴッサム・シティを占拠する。このとき、『ジョーカー』においてそうであったように、バットマンやウェイン産業はその敵である上流階級の象徴である。

思想家のスラヴォイ・ジジェクは、『2011』[*3]の日本語版への序文で、このベインを（タイラー・オニールを引用しつつ）「究極のウォール街占拠者」として評価できるか検討している。つまり、ここまでの議論で左派ポピュリズムと呼んだものの先導者として評価できるかどうかということだ。ジジェクは思想家のヴァルター・ベンヤミンの「暴力批判論」を援用して議論を進める。少々回り道になるが、議論の整理にもなるので紹介しよう。

ベンヤミンは「神話的暴力」と「神的暴力」を区別している。簡単にまとめれば、「神話的暴力」とは制度やシステムを維持するための暴力であり、「神的暴力」とは制度そのものを変更するような暴力のことだ。

『ダークナイト』について述べた、「法の外にいるからこそ正義をもたらしうるヒーロー」は、この二種類の暴力の観点では、少し複雑な手続きを踏んでいる。

つまり、法の外に出る時点で、バットマン（または西部劇のヒーローたち）は神的暴力の世界に踏み出すかのように見える。ところが、最終的には、彼は法の外側に出るがゆえに（『ダークナイト』であればハービー・デント殺害の罪をかぶってデントを英雄として祭り上げることによって）法の内側の秩序を守ることができるのである。

私がここまで論じてきたアメリカ的ヒーローの基本形はそのように言い換えることができるのだ。つまり、一旦は神的暴力の行使者となるように見えつつ、結局は神話的暴力（新たな正義の秩序の確定）へと舞い戻っているということだ。

しかるにジジェクは、神的暴力（左派ポピュリズム）と神話的暴力（右派ポピュリズム）の区別をすることにあまりにも躍起になっているように、私には思われる。『ダークナイト』と『ダークナイト　ライジング』（そして『ジョーカー』）の重要性はむしろ、それらが区別できない不穏さを提示したことではないだろうか。つまり、右派ポピュリズムの暴力も神的暴力と言えてしまうのではないか。トランプ以後であるからこそ、そこは強調されるべきだ。

ただ、それらの区別をすることで物語に解決をもたらしてしまったのは、論じるジジェクというよりは作品そのものなのかもしれない。『ダークナイト　ライジング』のベインは結局のところ民衆権力の象徴ではなく「狂信的テロリスト」という表象を与えられてしまう。それは、彼が右派ポピュリズムの人となったというよりは、作品そのものが右派／左派のポピュリズムの接近という、危険だけれども現代の政治を考えるにあたって重要な論点を手放してしまったということだろう。

『ダークナイト ライジング』は、ゴッサム・シティを爆破しようとした核爆弾（核融合エネルギー装置）を、バットマンが身を賭して洋上で爆破させることで解決する。「正義」は自己犠牲という徳によってバットマンの側のものとなる。しかも、最後の場面では彼が生きていることが示唆される。

「客観的な事実という概念が世界から消えつつある」

さて、以上に対して、『ファー・フロム・ホーム』はどう応答するだろうか？

まずは、この作品は、作品の観客に対して、クエンティン・ベックのフェイクを暴き、真実を突きつけるという図式を取っている（なお、作品内の世界の人々にはフェイクは暴かれないままである）。

「客観的な事実という概念が世界から消えつつある」――これは、ＭＪが劇中で引用する一節であるが、それは劇中でもすぐに指摘されているようにジョージ・オーウェルからの引用である。より詳しくは、これは「スペイン内戦をふり返って」と題されたエッセイからの引用である。オーウェルは、スペイン内戦に参戦し、ファシズムはもちろん、それに対抗するはずの社会主義や共産主義国家への幻滅も経験し、名高い『一九八四年』を書いた。

『一九八四年』と言えば、トランプが大統領になった際に爆発的に売れた近未来ディストピア小説である。一九四九年に出版されたこの小説では、主人公の暮らす未来のイギリスと思《おぼ》しき国は、「ビッグ・ブラザー」と呼ばれる指導者によって支配され、テレスクリーンという双方向の監視システムや思想警察によって、ビッグ・ブラザーが提示するフェイクの世界観を逸脱する者たちは粛正され、矯正される。真実などどこ吹く風のポピュリズム政治を展開したトランプとビッグ・ブラザーを重ねて、人びとは『一九八四年』を読んだのだ。

この意味では、MJによる引用の含意は、ポストトゥルース的な政治が広まっているということ、そしてそれに対して「客観的な事実」を取り戻さねばならないということである。実際映画は、ドローンによるホログラムをスパイダーマンが破壊することで結末を迎える。つまり、オルタナティヴ・ファクツがフェイクでしかないことを、少なくとも観客には暴くのだ。

だが、ポストトゥルースに対して「客観的な事実」をぶつけるだけでいいのだろうか。ポストトゥルースが、虚偽を真実として提示するだけでなく、虚偽／真実という対立構造そのものをぐずぐずにしてしまうとすれば、ポストトゥルースはある意味で「無敵の論理」である。

なぜならば、トランプがメディア報道をフェイクだと吠《ほ》え、オルタナティヴ・ファクツを真実として提示し、支持者たちが「自分たちが信じたいことこそが真実である」という論理に居直るときに、「客観的事実」を提示することには何の力もないであろうからだ。それには「フェイク」という言葉が投げられて終わりだろう。

なぜそんなことになってしまったのだろうか。これにはそれなりに長い歴史がある。ミチコ・カクタニ（『真実の終わり』）やリー・マッキンタイア（『ポストトゥルース』）は、ポストトゥルースを「ポストモダン思想」と結びつけている。ポストモダン思想は、長く取れば一九六〇年代以降の西洋において主流となった思想で、それは西洋近代のさまざまな基礎を疑っていく思想だった。

ポストモダン思想は、西洋化こそ進歩であるといった近代主義を批判し、そのような歴史観を「大きな物語」として退けた。とりわけこの文脈で重要なのは、虚偽／真実の二項対立もまた退けられたということである。ポストモダン思想によれば、「真実」は権力によって作り上げられた幻想である。

カクタニやマッキンタイアは、ポストモダン思想によるこの「真実」の拒絶が、現代のポストトゥルースを生んだと考える。だが二人の議論は、ポストモダン思想の重要な意義を見失ってしまっている。ポストモダン思想が主張したのは、「真実は作り物だから何でも真実になりうる」ということではない。そうではなく、真実が生産されるときには何らかの権力が作用しているのであり、私たちはいかにして真実が生産されているかを客観的に見定める力を身につけなければいけないということであった。その意味でポストモダン思想は重要な解放思想であったし、今もそうでありうる。

だが一方で、そのような解放思想が、右派ポピュリズムによる簒奪《さんだつ》を受けてきたことも確かだ。その重要な分水嶺《ぶんすいれい》は、『マトリックス』（一九九九年）である。

『マトリックス』とレッド・ピル

『マトリックス』の主人公トーマス・アンダーソンは、昼はコンピューター・エンジニア、夜は「ネオ」のコードネームで活躍するハッカーである。ある日、ネオは奇妙な訪問者たちに、この世界についての衝撃的な真実を知らされる。ネオが現実の世界だと思っていたものはコンピューター・プログラムによって作り出された仮想現実であり、彼の本当の身体は、人工知能を持った機械たちが支配する現実世界で、機械にエネルギーを供給する生体発電装置として機械につながれているというのである。

ネオは青い薬（ブルー・ピル）と、赤い薬（レッド・ピル）のどちらかを選ぶことを迫られる。ブルー・ピルを飲めばネオは真実を忘れてこれまで通り仮想現実の中で生きることになり、レッド・ピルを飲めばネオの本当の身体は覚醒し、彼は機械文明と戦うレジスタンスに加わることになる。彼らは仮想空間に入りこんで、そこではスーパーヒーローのようなパワーを発揮して戦うことができる。ネオはレッド・ピルを飲む。

『マトリックス』は、二〇一〇年代アメリカで隆盛したいわゆる「インセル」運動、そしてその男性至上主義のイデオロギーにインスピレーションを与えた。「インセル」とは

involuntary celibates（不本意な禁欲独身者）の略であり、典型的には若年層の白人男性・異性愛者であるが、恋愛やセックスに縁がなく、オンラインのフォーラムでコミュニティを作って自分たちの境遇に対する恨みを拗《こじ》らせて女性嫌悪（ミソジニー）を募らせているような人びとの呼称である。

「レッド・ピル」はインセルの符丁であるだけではなく、インセルの団体の名前にまでなっている。そこでは、「レッド・ピル」が象徴する感性、つまり現実はフェイクであり、俺たちは隠された真実に目覚めなければならない、そしてそこには俺たちの苦しみの原因が隠されている、という陰謀論的な感性と、男性至上主義や女性・マイノリティ嫌悪と排除の感情の合流が見て取れる。それがトランプ主義的な右派ポピュリズムや白人至上主義にも流れこんだことは想像に難くないだろう。

だが、おそらく監督のウォチャウスキー姉妹（日本での一般的な表記はウォシャウスキー姉妹だが、ここでは原語の発音に近づける）は、そのような受容を苦々しく思ったことだろう。[*4]

ここでは『マトリックス』からそれを論じるのではなく、「マトリックス」シリーズに続く姉妹の作品が、『V フォー・ヴェンデッタ』（二〇〇六年）だったことを指摘しておこう。

図6　ガイ・フォークスの仮面をかぶる「V」(『V フォー・ヴェンデッタ』より)
写真：Album/アフロ

『V フォー・ヴェンデッタ』はウォチャウスキー姉妹が脚本を書き、「マトリックス」シリーズの助監督だったジェームズ・マクティーグが監督した。舞台は全体主義国家と化した(『一九八四年』を彷彿とさせる)イングランド。政府への復讐を誓う仮面のダークヒーロー「V」の物語である。

詳細は省くが、ポイントは「V」がかぶり続けるガイ・フォークスの仮面である。ガイ・フォークスとは、一六〇五年の火薬陰謀事件の首謀者であり、ガイ・フォークスが逮捕された一一月五日は、現在も「ガイ・フォークス・デー」と呼ばれて祝われている(が、最近は下火で、イギリスでも日本と同様にこの時期はハロウィンの方が盛り上がる)。

ガイ・フォークスはカトリック信徒であり、カトリックを抑圧するプロテスタント国家に対して、国会議事堂爆破を企てた。「V」はそのガイ・フォークスの仮面を、抑圧された民衆を束ねる象徴として使う。人びとがこの仮面をかぶって全体主義国家に対して蜂起する結末は感動的である。

そして、このガイ・フォークスの仮面は、『V フォー・ヴェンデッタ』を経由して、前述の「ウォール街を占拠せよ」運動で活用されることになる。

ウォチャウスキー姉妹が「レッド・ピル」を飲んだ先に夢見たのは、インセルやトランプ主義者の「反乱」ではなく、『V フォー・ヴェンデッタ』や「ウォール街を占拠せよ」運動に垣間見《かいまみ》られたような民衆の連帯と反乱、そして秩序に変更を加える神的暴力とそれによる現状からの解放だっただろう。

『マトリックス レボリューションズ』の反革命

しかし、そのような夢は、トランプ主義の前には敗れてしまったように見える。それを考えるときに、「マトリックス」シリーズの完結編『マトリックス レボリューションズ』(二〇〇三年)の、非常に中庸に見える結末が改めて重要だと思えてくる。

副題の「レボリューションズ＝革命」が含意しそうに思えるのは、機械の支配に対する人間たちの革命、というものである。ところが、作品の結末はこの副題を裏切っている。結末を要約するならこういうことになる。マトリックスの仮想現実の世界には、これまでにも定期的にバグが生じてシステムの危機を迎えていた。今回のバグは、ネオを付け狙うプログラムであるエージェント・スミスの暴走・増殖である。ネオは「救世主」と呼ばれるのだが、その救世主という存在は、人間を救うのではなく、不安定化したマトリックスのシステムをアップデートするための存在だったことが明らかになる。

ネオはマシン・シティに赴き、機械たちに取引をもちかける。スミスを倒してマトリックスを再生させるという、彼にしかできない仕事を実行する代わりに、現実世界の覚醒した人間たちには手を出すな、という取引だ。

これは革命どころか反革命的で現状維持的な結末である。ネオが選択するのは、レッド・ピルを飲んだ人間たちがほどほどに生き残り、それ以外の人間は機械のエネルギー源としたまま、マトリックスを維持する権力（機械文明）を存続させるという、どこまでも中庸なものなのだから。

先に述べたベンヤミンの言葉を使えば、この結末はシステムそのものを変更する「神的暴力」を避け、システムを維持するための「神話的暴力」を選んでいるように見える。

私は映画公開当時、これはなんと反動的な結末なのだろうと憤慨した。しかし、トランプ主義をはじめとする右派ポピュリズムの嵐を目にした今は、この中庸な結末の先見性を感じないではいられない。この結末は、あらゆる人がレッド・ピルを飲んで「真実」に目覚めるべきだという要求はしない。すべての「現実」は作り物であって、それをはぎ取った真実に目覚めるか、逆に開きなおって自分の好きな真実だけを選び取るかといった極端な二者択一に走ることが、慎重に回避されている。

そこには、ポストトゥルース的な感性との付き合い方のようなものが、早々に示されていたように思えるのだ。

映画というフェイク

さて、以上の回り道をして「スパイダーマン」シリーズに戻ると、何が見えてくるだろうか。『ファー・フロム・ホーム』は、とりあえずは虚偽／真実の二項対立を設定して、虚偽（フェイク）をはぎ取るという方向に向かうことは確認した通りだ。

しかしその不十分さは分かっていただけただろうか。虚偽／真実の二項対立を取る限りは、現在のポストトゥルースには対抗しえない。かといって、この二項対立を否定してしまっては、それはそれでポストトゥルースの思うつぼである。ではなすべきことは何か。

簡単にまとめれば、すでに示唆したように、なすべきなのは、「虚偽／真実の二項対立がいかにして生み出されているかを検討すること」である。そして「スパイダーマン」シリーズはそのような検討をなしえている。最後にそれを確認しよう。

『ファー・フロム・ホーム』と『ノー・ウェイ・ホーム』は、単にポストトゥルース的なフェイクの全体を問題にしているのではない。じつは、この二本の映画は、「映画についての映画」となっており、まずは映画というメディアのフェイク性が問題にされているのだ。

『ファー・フロム・ホーム』では、ベックたちの一味が「リハーサル」をしている印象的な場面がある。ドローンとホログラム、そして銃器・爆薬を使った戦闘場面を、前もってリハーサルしているのだ。ベックはそれをじっと見つめて、破壊力を倍にしろと指示を出す。その結果に満足をしてOKを出すベック。これは、映画撮影の現場そのものである。ベックは監督であり、彼の一味は撮影クルーだ。彼らは映画を作るかのように、フェイクな現実を作っている。

この時点で、この映画は、映画というものが持つフェイク性、ポストトゥルース性という問題意識を導入している。だが、述べた通り、『ファー・フロム・ホーム』はある意味で不徹底である。この作品は虚偽／真実の二項対立を保持し、虚偽を退けるからだ。徹底的に、映画の（つまり、自らの）フェイク性に向き合っているとは言えない。

ポストトゥルースと共に生きる『スパイダーマン：ノー・ウェイ・ホーム』

そこから驚くべき転回がもたらされるのは続編の『ノー・ウェイ・ホーム』においてだ。『ファー・フロム・ホーム』の結末で正体をばらされ、ベック殺害の濡《ぬ》れ衣《ぎぬ》を着せられたピーター・パーカーは、ドクター・ストレンジに、時間を巻き戻して欲しいと助けを求める。だが、そのためのタイム・ストーンを失っていたドクター・ストレンジは、その代わりに記憶消去の魔法を提案する。

ところが、ドクター・ストレンジが唱える呪文の途中でピーターがMJたちの記憶からは自分を消さないで欲しいと呪文の内容を変えてしまったために、呪文が暴走し、ほかの平行宇宙（マルチバース）から「ピーターがスパイダーマンだと知る者たち」を引き寄せてしまう。そう、前作ではフェイクであった平行宇宙は実在することが分かるのだ。

さて、驚くべきなのは、そこで平行宇宙から引き寄せられる人物たちである。引き寄せられたのは、最初に紹介した「スパイダーマン」三部作と、「アメイジング・スパイダーマン」シリーズのスパイダーマンと悪役たちなのだ（もちろん同じ役者たちが演じている）。

これによって『ノー・ウェイ・ホーム』は、『ファー・フロム・ホーム』では維持されていた虚偽／真実の二項対立を切り崩す。それまでは私たちの現実世界では単に「別シリーズ」として処理されていたこれまでの「スパイダーマン」シリーズが、スクリーンの上で一堂に会する。

それだけであればある種の楽屋落ちとして納得してもいいのかもしれない。しかし私たちは『ファー・フロム・ホーム』ですでに映画というメディアのフェイク性についての自己言及を目にしてしまっている。その観点からは、『ノー・ウェイ・ホーム』の中に別シリーズの登場人物という「現実界」が侵入してくることは、この作品そのものが映画であること、つまりスクリーンに映し出されたこの作品の「現実」はフェイクであることを告げていると了解せねばならないだろう。

だがそれにもかかわらず、観客は『ノー・ウェイ・ホーム』の描く現実が完全なるフェイクであると考えることもできない。そのように見てしまえば、当然のことながら映画は映画として破綻するだろう（ピーターの伯母のメイの死は、映画のフェイク性に対するカウンターバランスとなるような「現実の重み」を導入するためにある）。

じつのところ、一般的にも私たちはフィクションをそのように読み、観ている。そのように、というのは、それが本当の現実だとは思わない一方で（例えば誰もシャーロック・ホームズが現実の人間だとは信じていないだろう）、かといって完全な虚構だとも思っていない（それでもモリアーティにホームズが殺されたら、抗議の手紙を書く）、そういう態度でフィクションに接しているのだ。

読者・観衆は、フィクションを信じつつ同時に信じない、そういった複雑な芸当が、じつは普通に行われている。重要なのは、そのような「フィクション（と真実）への接し方」であろう。『マトリックス レボリューションズ』の中庸な結末におけるような、ほどほどのフィクションとほどほどの現実に両足をかけたような姿勢。『ノー・ウェイ・ホーム』の悲しい結末はその意味で必然だ。ピーター・パーカーはみなから忘れ去られる。だがそれでも、「誰もが知るスーパーヒーロー」ではなく「お隣のヒーロー」として活動を続けることが示唆される。結局、スパイダーマンはいるかもしれないし、いないかもしれない。フェイク／フィクションかもしれないし、現実かもしれない。

そんな「間《あわい》」に彼はいるんだよ、と。

ポストトゥルースの時代になすべきなのは、真実の名のもとにフェイクを指弾することではない。真実とフェイクの両方に足を乗せながら、その両者がどうやって生み出されているかを見すえる目を鍛えることだ。「スパイダーマン」シリーズはそれを教えてくれている。

第四章　多様性の時代に「悪」はどこにいるのか？

「ブラックパンサー」シリーズと多文化主義

前章で論じた通り、「スパイダーマン」の最新シリーズは、ポストトランプ的な社会状況にかなり意識的に応答しようとする作品だった。これらの作品が表現するように、MCU作品は単なるスーパーヒーローものであることをやめて、社会的なものに意識的に開かれた作品となってきている。二〇二二年の『ブラックパンサー／ワカンダ・フォーエバー』もまさにそのような作品として、はじめから企図されたものと言える。

前作『ブラックパンサー』（二〇一八年）はアフリカ系アメリカ人が監督と主演で、黒人による黒人のための表現をしたということで評価が高かったのだが、続編を制作する前に主演のチャドウィック・ボーズマンが病に倒れたという事情もあり、主人公の座を引き継いだのは女性のレティーシャ・ライトとなった。アフリカ系からさらに女性へ、というマイノリティ表象の進展があったわけである。その意味で、『ワカンダ・フォーエバー』は正義とヒーローと多様性の現在を問う本書にとって非常に重要な作品である。

「ブラックパンサー」シリーズの二作に共通する基本的なテーマは「多文化共生」である。『ブラックパンサー』では、世界の同胞たち（黒人たち）の蜂起を目指すエリック・キルモ

図7　ティ・チャラの妹シュリ（『ブラックパンサー／ワカンダ・フォーエバー』より）
写真：Everett Collection／アフロ

ンガーの「野望」を主人公のティ・チャラ／ブラックパンサーが止めることが主題となる。一方で、『ワカンダ・フォーエバー』は、海底王国タロカンとワカンダ王国との、いわばマイノリティ同士の「内戦」が主題になる。タロカンの王ネイモアが白人世界との対決を厭《いと》わないのに対して、より融和的な姿勢のワカンダとの間に内戦が起きるのである。

いずれの作品でも、白人世界とワカンダ王国との間の、対立ではなく融和が目指される。言い換えれば安定した「多文化共生的秩序」が目指されるのだ。そして、ヴィランは、（白人ではなく）そのリベラリズム的秩序を否定するキルモンガーやネイモアとなる。ここでは、「多様性を否定する者」こそが「悪」である。

近年、「多様性」のかけ声はハリウッド映画をその内容と制作プロセスの両面から大きく変えてきている。『ブラックパンサー』は、その流れの中で民族の多様性を主題化し、『ワカンダ・フォーエバー』はさらに女性を主人公とすることで性の多様性も持ちこんだ。だがそこでは、マイノリティ的アイデンティティを持つ人びとが一致団結してマジョリティの秩序を転覆するということは否定される。あくまで「多様な価値観の共生」が目指される。

大いに結構、と思われるだろうか。だが、ここには二つの問題がある。

一つは、そのようにフィクションで表現される多文化共生秩序は、現実の権力関係の中で抑圧された人びとの経験を抹消するかもしれないということだ。簡単に言えば、平等な多文化の共存のヴィジョンは、マジョリティ（西洋白人）の視点から見た都合のよい多文化共生秩序かもしれない。また、それはマイノリティの内部での差異（経済的な階級の違いなど）を覆い隠してしまう可能性もある。

その観点では、この二作品と並行して起こっていたアメリカでの黒人の権利運動と、この作品の間にはのっぴきならない緊張関係がありうるだろう。ここで言っているのはBLM運動（ブラック・ライヴズ・マター運動）である。BLM運動の始まりは二〇一三年で、前年二月にフロリダ州で黒人少年のトレイボン・マーティンが射殺された事件に端を発するものであった。そして、二〇二〇年五月にミネソタ州で黒人男性のジョージ・フロイドが警官に拘束された際に頸部《けいぶ》を膝で押さえつけられて窒息死した映像が拡散すると、BLM運動は全国的なデモと暴動となって広がった。これらの作品の多文化主義はこの現実とどう折り合うのだろうか。

もう一つの、本章で論じていきたいテーマは、ヒーロー物語の根幹に関わる問題だ。多文化主義とは、ある種の価値の相対化である。つまり、それまでは「善／悪」という価値づけをされてきた差異も、平坦なものにしてしまう可能性がある。

そのような価値の相対化と、それによってもたらされる「悪の消失」に対してこの作品は語りかける。すなわち、「確かに多文化主義は価値の優劣を否定し、水平な差異だけでできた世界観を肯定する。その限りで悪は存在しない。——だが、悪は存在する。唯一の悪は、多文化主義＝価値の相対主義を否定する者である」ということだ。というわけで、多文化共生そのものの価値を否定する者たち（エリック・キルモンガーとネイモア）が、かろうじて悪を表現できるのだ。

正義／悪の喪失とニヒリズム

だが、ここまでの議論からしても、この対応策には限界がある。論じてきたことを別の角度から見れば、それは要するに相対主義の現代において「ヒーロー」が不可能になっているのかもしれないということである。

正確に言えば、スッキリ疑いのない正義を体現し、民衆を助けるヒーローは見失われつつあるのだが、さまざまなヒーローの物語は、あの手この手を使ってそれを保存もしくは復活させようとしている。前章で論じた『スパイダーマン：ノー・ウェイ・ホーム』の結末におけるピーター・パーカーの諦念の表情は、ヒーローが不可能になったこの世界で、みんなから忘れ去られながらも自分の中の小さな正義だけを抱えて「お隣のヒーロー」として生きようという、決意と言うにはあまりに寂しい決意を表していた。

正義が見失われるとすると、同時に悪もまた見失われていることになるだろう。それは前章で述べたように、ポストトランプ時代においては右派ポピュリズムと左派ポピュリズムの間の区別が不可能になっているからだ。つまり、排外主義的・差別主義的な運動も、それに反対するリベラルな運動も、民衆の願望を受け取った「ポピュリズム」という意味では同じものになっているからかもしれない。

これは、言い換えるとニヒリズムの問題である。ニヒリズムは哲学者ニーチェの重要概念だが、ニーチェの場合は神の死んだ近代において価値が相対化され、いかなる道徳的価値もほかよりも優越しているとは言えなくなるような状況である。つまり正義が見失われた状況だ。

すでに触れたテレビドラマの「ザ・ボーイズ」シリーズはまさにそのようなニヒリズム状況における「ヒーローもの」だと言えるだろう。「ザ・ボーイズ」のヒーローたちは、もはや正義には仕えない。彼ら／彼女らが仕えるのは、大企業のヴォート・インターナショナルである。この企業はヒーローたちを抱えて世直しをさせつつ、その活躍を映画にして興行収入を得るメディア企業でもある。

この企業に属するヒーローたちの主な仕事は、悪を倒すことと同時に、民衆の人気を獲得することだ。人気を得るためなら事実や真実はどうでもよい。そんなヒーローたちはトランプ的政治家とほぼ区別がつかなくなる。

そのように、正義も悪もなくなったニヒリズム状況を「ザ・ボーイズ」シリーズはこれでもかとばかりに描き続ける。ニヒリズム状況では、行動の原理は利己主義と党派主義だけだろう。ここで言う党派主義とは、深く一貫した政治的信念による連帯などではなく、その場の利害や情念による結びつきにすぎない。それに加えて、党派を組むことによって友と敵を区別することを目的とした、マッチポンプ的な連帯である。

このようなニヒリズム状況と、前節で論じた多文化主義との距離はどれほどのものだろうか？　あらゆる価値を包含するはずの多文化主義の決定的な外部・敵は「多文化主義を否定する者」であると述べた。だがじつのところ、ニヒリズムもまた同じ論法を使う。例えば差別的な表現を批判するリベラルに対して、「表現の自由の敵」といった言葉が投げつけられるときにはそれが起きている。そのような言葉を投げつける人たちにとっては、自由な表現に少しでも口を出すリベラルは「価値の多様性」を否定する者たちなのである。不思議なことに、現在では左派と対立する右派の多くも、「多様性」のレトリックを使用しているのだ。

もちろんそれに対して、「表現の自由」の意味を勘違いしていると反論することは可能だ。だがここで問題にしているのは、ヒーローものが先述のようなニヒリズム状況と格闘せざるをえなくなっているという事実である。

そして、多文化主義時代の新たな「悪」の有力候補である「価値の多様性・相対性そのものを否定する者たち」は、必ずしも差別主義者なわけではない。「ブラックパンサー」シリーズのキルモンガーやネイモアが差別主義者でなかったように。つまり、マイノリティの権利運動の立場からすればキルモンガーやネイモアは肯定されるべきだという見方もありうるにもかかわらず、やはり彼らは価値の多様性・相対性を否定するという一点において「悪」とされるのだ。

環境的限界と「悪」

さて、本章ではそのような状況で発明された、もう一つの「悪の作り方」について論じたい。それは、結論から言えば、「環境」である。近年のヒーローものでは「環境的限界」が対処すべき悪として現れている。より正確に言えば、「環境的限界に対して、人為的な介入を行う者」が悪なのである。これは一見、「多文化主義を否定する悪」という主題とは別の話に聞こえるかもしれないが、深いところでつながっていると最終的には明らかになるだろう。

まず念頭に浮かぶ作品は、『アベンジャーズ／インフィニティ・ウォー』（二〇一八年）だろう。この作品のヴィランであるサノスは、マーベル映画としては革新的だった。タイタン星人のサノスは宇宙の生命の半数を抹消し、宇宙に均衡を取り戻すべきだという思想を抱き、それに従って星々を侵略し、住人の半数を虐殺して回っている。そして、それを完成させるために宇宙の誕生の際に生まれた六種類のエネルギーの結晶体である「インフ

図8　サノス（『アベンジャーズ／インフィニティ・ウォー』より）
写真：Everett Collection/アフロ

イニティ・ストーン」を集め、それをグローブの形をしたインフィニティ・ガントレットにはめて、指をひと鳴らしすることで全宇宙の生命の半数を消去するという仕事にとりかかっている。

そう、「野望の実現に乗り出している」ではなく、「仕事にとりかかっている」という表現がぴったりなのだ。サノスの新しさは、彼が悪意を持った邪悪なヴィランの性質を持っていないことにある。常に「やれやれ」といった感じで、自らに与えられた仕事をこなそうとがんばっているのだ。しかも彼は、自分の使命を果たすために、養女（MCUでは「ガーディアンズ・オブ・ギャラクシー」シリーズのキャラクターであるガモーラ）を、泣きながら殺す。

サノスは、悪役とはかけ離れた存在である。そして、生命の半分を抹消して宇宙の均衡を保つという彼の思想は、ある種のエコロジー思想だと言える。実際、現在の私たちが直面している環境をめぐる大問題は人口問題であり、地球環境に現在の人口増加を受《う》け容《い》れるキャパシティがないことである。逆に言えば、人間は環境の最大の「敵」なのであり、人間が減ることこそが環境問題の最大の解決法なのである……なかなか正論として主張されることのないこの思想は、それでもやはりある種のエコロジー思想なのであり、サノスはその思想に無私無欲で身を捧げるのだ。

『ドン・チードルのキャプテン・プラネット』とエコテロリスト・ヒーロー

このサノス流の「エコロジー思想」をパロディ化していたのが、コメディー番組制作スタジオのファニー・オア・ダイが制作した、『ドン・チードルのキャプテン・プラネット（*Captain Planet with Don Cheadle*）』であった。数分ずつで四回というこの短いシリーズは、一九九〇年から九六年までアメリカでテレビ放映されたアニメシリーズ『キャプテン・プラネット』のパロディである（日本では第1シーズンのみテレビ朝日が放映）。『キャプテン・プラネット』では、現代によみがえった女神ガイアが、地球の環境破壊を憂えて、大地・風・火・水・心のパワーを秘めた指輪を五人の地球人に授ける。この五つの指輪を合わせると、キャプテン・プラネットが出現し、彼は環境を破壊するヴィランたち（その領袖はキャプテン・ポリューション）を倒すのである。このシリーズは、環境・社会問題を解決するには何ができるかを考えるセッションが毎回付加されており、真面目で教育的なものだったと言える。ついでに言えば、五人の地球人はアフリカ、北米、東欧、アジア、南米系で、民族的多様性も確保されているところがポイントである。

さて、『ドン・チードルのキャプテン・プラネット』は、タイトルの通り、『アイアンマン2』以降ウォーマシン役を演じたドン・チードルが主演であるが、こちらのキャプテン・プラネットは暴走して、五人の地球人から指輪を奪い取り、怪光線で人間という人間を次々に木に変えていく。ヒーローがエコテロリストに変貌してしまうのである。

最終回では、キャプテン・プラネットの天敵がキツツキであることが判明する。最終的にキャプテン・プラネットは多数のキツツキにつつかれて死ぬ。木にされてしまった人びとは元に戻り、従来通りに車に乗るなどの生活に戻っていく。最後のショットでは、青い地球が汚染されて次第に灰色になっていく……。全体としては、真剣な環境保護主義の立場からすれば悪意に満ちたパロディに見えるものの、最後の皮肉はなかなかに刺さるものがある。

このシリーズは二〇一一年から二〇一二年にかけて制作されているので、『インフィニティ・ウォー』に先行する作品である。だが、結果としてこのパロディ番組は『キャプテン・プラネット』だけではなく『インフィニティ・ウォー』のパロディにもなっている。人間がいなくなることが最高のエコロジーだというサノスの思想を、グロテスクにパロディ化してみせていると見ることもできるのだ。

さて、そのサノスであるが、『インフィニティ・ウォー』ではみごとアベンジャーズに打ち勝って、生命を半分消去するという使命を達成する。ところが、続編で完結編の『アベンジャーズ／エンドゲーム』では、『インフィニティ・ウォー』のきわどい「エコロジー思想」はどこかへ行ってしまう。地球のヒーローたちとの対決に至って彼は、生命の半分を消してもそれに抵抗する者たちがいるなら、現在の宇宙を原子に至るまでバラバラにして、別の宇宙を新しく作ると言う。その宇宙は幸福な生命に満ちあふれているだろうと。

さらには、彼はこれまでは大義のためだったが、今や地球の破壊を「楽しむ」とまで言う。宇宙の生命の半数を滅して「環境」を救うという使命を忘れて、すっかりひねりのないヴィランになってしまった。だが、このサノスの豹変《ひょうへん》には興味深い別の解釈もありうる。それを考えるために、多様性問題から環境問題へ、という問題系をみごとになぞる作品『エターナルズ』を見てみよう。

『エターナルズ』と自然と計画

クロエ・ジャオ監督による『エターナルズ』（二〇二一年）は異色のスーパーヒーロー映画である。本作のヒーローたちはエターナルズという種族で、エターナルズはセレスティアルズという天地創造の神に等しいような存在によって創られ、ディヴィアンツと呼ばれるモンスターから地球人を守るために太古の地球に送られ、人間を見守ってきた。ディヴィアンツはすでに絶滅したと考えられていたが、現代の地球に再び現れ、エターナルズはそれと戦うために再集結することになる。

物語が進むにしたがって、セレスティアルズ、エターナルズ、ディヴィアンツについての新たな真実が明らかになっていく。セレスティアルズが地球などの惑星に介入するのは、そこにセレスティアルの「種」を植えつけた上で知的生命体を育て、その生命体（地球の場合は人間）のエネルギーによってセレスティアルを「孵化《ふか》」させる（「イマージェンス」と呼ばれる）ためなのであった。

ディヴィアンツもまたセレスティアルズが創造したもので、惑星の頂点捕食者を捕食し

図9　エターナルズ（『エターナルズ』より）　写真：Everett Collection/アフロ

て、知的生命体の出現を促進する役割を担うはずだったものが、暴走して人間たちを襲うようになってしまった。エターナルズはそのエラーを修正するために創造されたというのである。そして、新たなセレスティアルのイマージェンスにより、地球は完全に崩壊し、人類は滅亡してしまうだろう。

この映画は、アカデミー賞作品賞に輝いた『ノマドランド』（二〇二一年）といった硬派な映画を撮ってきた中国出身のジャオがメガホンを握るということだけではなく、キャラクターの「多様性」によっても話題となった。主人公のセルシはアジア系、聴覚障害者で手話を使うマッカリ（演じた有色人種の俳優ローレン・リドロフ自身が聴覚障害者）、山のような身体にエプロンをして料理に励むアジア系のギルガメッシュ、そして話題をさらったのは、MCU初の同性愛ヒーローであるアフリカ系のファストスであった。そのために、『エターナルズ』は同性愛嫌悪主義者たちのアンチ評価のターゲットにまでなる。

さて、そのように「多様性」が全面に出された『エターナルズ』であるが、ヴィランは誰だろうか？　物語の前半ではエターナルズがヒーローでディヴィアンツがヴィランである。だが、上記のような真実が明らかになると、その善／悪の構図は崩れる。真のヴィランはセルシたちを地球に送ったセレスティアルズだったということになる。

だが、セレスティアルズはヴィランと呼べるようなものだろうか？　彼らはほとんど神のような超越的存在であり、その意味では自然に近い存在だ。ここにも、価値の多様性の果てに「悪」が見失われ、環境の限界そのものが戦うべき敵になるという型が見て取れる。

物語の後半では、地球人に愛着を持ちすぎたセルシが、セレスティアルズに反旗を翻す。そしてエターナルズの能力を束にするユニ・マインドの力を借り、セルシは生まれようとしたセレスティアルを彼女の物質転換の力で大理石に変えてしまう。自然を征服するのである。

ただし、問題が残っている。セレスティアルズは超越的な自然に等しいように思えつつ、それでもある意志を持った主体である。それはどう考えればいいのか？

『風の谷のナウシカ』と自然と人工の脱構築

私はこの結末の構図にある作品を想起した。それは宮﨑駿《はやお》の『風の谷のナウシカ』（漫画版）である。

『風の谷のナウシカ』の漫画版では、映画版からの完全なるどんでん返しが行われる。この作品は現代から二〇〇〇年後、毒の瘴気《しょうき》を吐く「腐海《ふかい》」が覆う地球を舞台とする。映画版では、この腐海は一〇〇〇年前の最終戦争によって汚染された地球を浄化するために生じた生態系であることが明らかになり、この作品は大地の自然治癒力への賛歌であった。

ところが、漫画版ではその先に逆転が待ち受けている。最終的に明らかになる真実は次のようなものである。ナウシカたちが最初に「自然」だと思っていた腐海やそこに住む蟲《むし》たちは、じつは一〇〇〇年前、滅亡の危機にあった人間の科学者たちが生命科学によって生み出した人工的な生態系であった。それは汚染された地球を浄化するためのクリーナーとして創られたのだ。またさらには、ナウシカたち「人間」も、その時点で環境に適応するよう作りかえられた人造人間だったのである。本来の人間は、その攻撃性をはぎ取られた形で、「卵」になって人間の科学技術の集積地である「墓所」に格納されている。地球が浄化されたときにはナウシカたちをその本来の「人間」に取り替える計画だったのだ。

最後にナウシカが取る行動は衝撃的である。人工的に作られた生命（腐海、蟲、そしてナウシカたち）もまた生命なのだ、と宣言して、計画によって生命を操作することを否定し、墓所を完全に破壊するのである。これは直接的には人類の自殺を意味する。ナウシカたちは浄化された空気の中では生きられないように改造されているからだ。それでもなおかつ、ナウシカは生命への人為的な介入を否定し、生命は生命の力で生きるのだと、墓所を破壊するのだ。

このナウシカの行為と、『エターナルズ』のセルシの行為の類似の本質は何だろうか。まず指摘できるのは、自然に介入する人工物や計画を女性主人公が破壊する、という類似性である。

ただし、ナウシカとセルシの間にはより深い水準での符合がある。それは、一言で言えば「自然と人工の脱構築」である。二人が人工物や計画を破壊するというのは、実は正確ではない。セルシはそこまで明示的に自分の破壊行為を意味づけるわけではないが、エターナルズとディヴィアンツ、そしてセレスティアルズの真実が明らかになる展開は、『風の谷のナウシカ』終盤の、世界の真実の露見にかなり似ている。それはいずれも、「自然だと思っていたものが人工のものであった」という露見なのである。

ナウシカは、それに対して、人工物である自分たちや腐海の生命が、自分たちの力で生きている、つまりそれらは自然であると逆転させる。ナウシカが破壊するのは、人工物というよりは、自然と人工・技術を切り分ける境界線なのである。セルシの破壊も同じ線で見ることができるだろう。セルシの場合は目の前での地球と人類の破壊を止めるという目的があるとはいえ、創造者を殺すことは、自分たちが独立した生命（＝自然）であることの宣言なのである。

もちろん、ナウシカの哲学に従うならば「墓所」の科学者たちが生み出したもの（人工物）もまた自然だと言えるのだから、破壊する必要はないのかもしれない。では、なぜ破壊するのか？

多文化主義とニヒリスティックな党派主義の間で

ここでは、多文化主義を背景とする善悪の区別について述べたのと同じことが起きている。ナウシカの哲学によればすべては自然である。したがって、墓所を破壊する必要も、じつはない。だが、すべてが自然であり善も悪もない中で、唯一否定されるべき悪は、すべてが自然であることを否定する者（墓所）だ、というわけだ。

私はこれは普遍的な論理ではなく、歴史的に限定された論理だと考えている。歴史的限定というのは、新自由主義的な反官僚主義における、「計画の否定」という感情の構造である。

またこのナウシカ的な論理が、ニヒリスティックな党派主義に陥る崖っぷちにあることは、本章前半の議論で示したつもりだ。ニヒリスティックな党派主義とは、「すべては自然であり、善悪も存在しないなら、あとはもう「自分たち」の正義を宣言し、その価値観に従わない者たちを「やつら＝敵」とみなすだけだ」という論理である。それは、リベラルな多文化主義の徹底の先にある反転だ。新自由主義においてそのようなニヒリズムが蔓《まん》延《えん》することは、ウェンディ・ブラウン『新自由主義の廃墟《はいきょ》で』[*1]が論じている。『エターナルズ』に話を戻すと、セルシの行動はナウシカをなぞっている。彼女の行動もまた、多文化主義的な多様性の肯定と、ニヒリスティックな党派主義の間に危なっかしく立ったものである。つまり、(宇宙の秩序を破壊するかもしれないにもかかわらず)人間を救うことは、セレスティアルズという、すべては自然であるという原則を否定する者(自然と人工を切り分ける意図と計画を持ちこむ者)の否定であるという意味で多文化主義の論理をとっている。だがもう一方でそれは、価値が失われたニヒリズム状況において、「人間」という党派・立場を無条件で開きなおり的に肯定することにも陥りうるのだ。

実際、『エターナルズ』は人間ではないはずのエターナルズの「多様性」を提示することで、「人間」の範囲を広げるふりをしつつ、じつはディヴィアンツという他者を置くことで、「人間」の境界線を太く引いているようにも見える。作品が提示する多様性に当てはまる範囲においては、その者たちは「人間」である。その外側は「逸脱者」（ディヴィアンツ Deviants の直訳）なのだ。

これは私たちが現在はまりこんでいる政治状況そのものだと言えまいか。ナウシカやセルシは、好意的に見れば、そのような政治状況におけるニヒリスティックな党派主義の崖っぷちで、多文化主義に踏みとどまろうとする人たちだとも言える。だが、その一歩先には党派主義や「人間」至上主義への反転が待ち構えているのだ。

サノスの豹変

最後に、以上の視点からサノスの豹変を見直してみよう。サノスはいわば、『ナウシカ』における墓所のような役どころを担っている。意図と計画によって自然に介入し、人間を救おうとするのだから。その観点では、『エンドゲーム』における豹変に見えるものも、豹変とは言えないのかもしれない。現在の宇宙を破壊して、ユートピア的な別の宇宙を始めようという彼の計画は、「墓所」の、地球上の現生人類を墓所に保存された人類と取り替えようという計画にそっくりである。それは、自然への意図的・計画的介入であるという点では、『インフィニティ・ウォー』での生命半分の虐殺と連続しているのだ。

だが、ナウシカの哲学が墓所の肯定に危険にも接近していったのとは逆コースで、墓所に似たサノスがナウシカに近づく側面がありはしないか。とりわけ『インフィニティ・ウォー』での、誰にも理解されない真実を胸に確信的に生命の半分を虐殺するサノスの決然とした様子は、墓所の破壊という、にわかには理解のできない恐ろしい暴力を確信を持って行うナウシカを彷彿とさせずにはおかないからだ。そこにはセルシの暴力も列せられるべきだろう。

現代のヒーローがヒーローたるべき条件を苦しんで探究しているのと同じように、ヴィランもまたヴィランたるためにもがいている。その背景にはリベラル多文化主義的な価値の平準化と、その部分的な結果として生まれるニヒリズムと党派主義的な価値の恣意的決断との間の緊張関係が存在する。そのようなヒーロー物語の苦闘は、私たちが現実世界で巻きこまれている政治的苦闘そのものかもしれない。

第五章　「オレはまだまだやれる！」——中年ヒーローの分かれ道

還暦をぶっとばせ――『トップガン マーヴェリック』

加齢は多様性なのだろうか。多様性と正義との関係を考えてきた本書であるが、年齢のことはどう考えればいいだろうか。一つには、ヒーローと言えば若々しい存在であるということがある。中年や老年はヒーローにはなれないのか。差別ではないのか。

いや、こと加齢については、(特に男性の場合)加齢にしたがって権力を帯びていく人たちも多いのだから、それは一概に差別とは言えないのかもしれない。女性が若さを失ったら「退場」させられるのに対して、男性は年齢とともに活躍の場を得られるようにもなるのではないか? 実際、そのような現実を反映するかのように、ハリウッド映画における男女の出演比率を調べたある研究[*1]によれば、二〇代までは女性の方が出演比率は圧倒的に高いが、三〇代で拮抗《きっこう》し、四〇代以降は男性の方が比率が高くなる。女性たちは「退場」させられているのだ。

というわけで、こと男性に関して、これは「差別」といった問題ではない。それにしてもやはり、ヒーローと言ったときにはどうしても、ジェンダーに関係なく「若さ」の呪縛があるのかもしれない……。

図10　ピート・“マーヴェリック”・ミッチェル（『トップガン マーヴェリック』より）
写真：Photoshot/アフロ

そういった諸々《もろもろ》を、二〇二二年に公開されると大ヒットとなった『トップガン マーヴェリック』は考えさせた。この映画はいわゆるスーパーヒーローものではないものの、主人公はこの後述べるようにアメリカン・ヒーローの典型である。そのヒーローが還暦を迎えたときに、何が起きるのか。それを考えてみよう。

『トップガン マーヴェリック』は、一九八六年にヒットした『トップガン』の後日譚である。映画の中では、現実と同様に三六年の月日が流れている。告白しておけば、一九七四年生まれの私にとっては、一九八六年公開の『トップガン』は少年時代の映画体験、アメリカ文化体験の中心の一つだった。

トム・クルーズ演じるピート・〝マーヴェリック〟・ミッチェルは、少年時代に私が出会ったアメリカン・ヒーローの原像だったと言っても過言ではないし、年齢相応に、カッコイイ戦闘機に憧れた私にとって、F‐14トムキャットは「ザ・戦闘機」であった（ちなみにF‐14は一九八二〜八三年に放映されたアニメ『超時空要塞マクロス』に登場する、戦闘機から人型ロボットに変形できる兵器「VF‐1バルキリー」のモチーフであったし、新谷かおるの漫画『エリア88』（一九七九〜八六年）の中で重要な役割を果たす戦闘機であった。そのような文化的刷りこみというか、重要性をこの戦闘機は持っていた）。

その『トップガン』から三六年、私たちは一体どんな『トップガン』を、どんなマーヴェリックを目にすることになるのだろうと不安と期待を胸に劇場に足を運んだ。

蓋を開けてみると、『トップガン マーヴェリック』は、近年盛んなリヴァイヴァルもの、往年の俳優たちが年老いた同じ役で出るという最近多いタイプの映画（そのいくつかは本書で扱うことになるだろう）とはどこまでも異質な映画だった。それはさまざまな〝自意識〟から解放された映画だった。

一九八六年の『トップガン』は文化的な過去の遺物であり、マーヴェリック＝トム・クルーズも年老いた、そういった事実をなんとか迂回《うかい》して娯楽になりうる映画を作らなければならない――この映画はそのような（最近の多くの映画がとらわれている）自意識からどこまでも自由に、スカッと空の彼方《かなた》まで、冒頭のダークスターのように飛んでいきそうな映画だった。

一九八〇年代とは違った条件がいろいろとある。トムももう還暦だ。しかし、その制約を忘れて、新しい映画を作ってみせた。このいわば「忘却力」がこの映画の力の本質だろう。簡単に言えば、「バカみたいな映画」だった。もちろん、本当にバカになることは難しい。だがそれを成し遂げた。

それと同時に、冒頭のシークエンス、アイスマン＝ヴァル・キルマーの登場、そしてすでに退役した、先述のF－14の登場といった、往年のファンの心をがっちりつかむサービスも忘れない。

そのような映画世界に観客を引きずりこむスイッチが、エド・ハリス演じる海軍少将の「君たちのような戦闘機乗りは絶滅の運命にあるんだ」という台詞に対する、マーヴェリックの「そうかもしれません。でもそれは今日じゃない（Maybe so, sir. But not today）」という返しだ。この「今日じゃない」にシビれてしまえば、あとはぼくらのマーヴェリックに身を委ねて、その活躍を心ゆくまで楽しめばいい。そんなスイッチなのだ。

一抹の不安と『オビ＝ワン・ケノービ』への失望

ここまで書いたことは私の偽らざる感想だったのだけれども、映画鑑賞直後の興奮の波がしぼんでいくのに応じて、私の中では一抹の不安がムクムクと育っていった。

その不安とは、私のような中年男性観客が、この作品に「エンパワー」されすぎるのではないか、という不安だ。

『トップガン マーヴェリック』では、還暦を迎えようかというトム＝マーヴェリックが、なみいる若き戦闘機乗りたちを遥《はる》かに凌駕《りょうが》する操縦・戦闘技術を披露し、最終的には単なるベテランの教官としてではなく、現役の即戦力として彼らをリードしていく。これを観た中年男性たちは、大いにエンパワーされたことだろう。「オレもまだまだやれる」、と。

心配なのは、この映画を観てその気になってしまった人びとが、現実世界にそれを持ち帰って、次の日から職場で〝マーヴェリック〟になってしまわないか、ということだった。「若いヤツらなんかにはまだまだ負けないぞ」、と。そんなことが起きたら、目も当てられない事態になるのは火を見るよりも明らかというものだ。

そのような心配と奇妙に、対照的に響き合う作品が、『トップガン マーヴェリック』と同時期に公開された。配信サイトの「Disney+」で二〇二二年の五月から六月にかけて配信されたドラマ『オビ＝ワン・ケノービ』であった。

オビ＝ワン・ケノービは、「スター・ウォーズ」シリーズに登場する、ジェダイの騎士の一人である。最初に公開された『スター・ウォーズ エピソード4／新たなる希望』で、悪役のダース・ベイダーの刃《やいば》に倒れることで、主人公ルークたちの道を切り開く。

その後一九九九年から公開されたエピソード1〜3で、私たちは若きオビ＝ワン・ケノービの活躍を目にすることになった。エピソード4ではアレック・ギネスによって演じられ、白髪の隠居老人という感じだったオビ＝ワン（ベン）は、エピソード1〜3では若々しいユアン・マクレガーによって演じられた。

とりわけ、オビ＝ワン・ケノービのファン（私もその一人だ）にとって印象深いのは、『エピソード3／シスの復讐』（二〇〇五年）におけるグリーヴァス将軍との対決だろう。指二本を立てた左手を前に突き出し、右手のライトセイバーの剣先を側頭部から前に向ける「構え」は若きオビ＝ワンの象徴だ。ちょっとむずがゆくさえなるこの決めポーズは、ある種のやんちゃさと、若く力のみなぎるジェダイの自信がないまぜになったものであった。

エピソード3の結末では、ジェダイ騎士団が虐殺されて崩壊し、オビ＝ワンはダークサイドに堕《お》ちてしまったアナキン・スカイウォーカーと最後の対決をし、勝利する。オビ＝ワン・ケノービは、アナキンと、惑星ナブーの女王パドメの間に生まれた双子のうち、ルークを辺境の星タトゥイーンに隠し、自らもジェダイとしての力を封印して姿をくらまし、希望の星であるルークを遠くから見守ることになる。

ドラマ『オビ＝ワン・ケノービ』はそんなエピソード3の一〇年後を舞台とする。若きオビ＝ワンが躍動したエピソード3が制作されてから一七年。私は、彼のどんな姿が見られるのかと期待に胸を膨らませた。

しかしその結果は、落胆であった。一〇年という歳月以上に老けこんだオビ＝ワンは（それは別に、ユアン・マクレガーが一七歳年をとったからではないだろうが）、ライトセイバーもフォースも手放し、砂漠で日雇い労働に従事している。

ドラマ本体は、惑星オルデランの王室オーガナ家にかくまわれていたルークの双子のきょうだいレイアが誘拐され、それをオビ＝ワンが救出する過程でダース・ベイダーへと変わり果てたアナキン・スカイウォーカーと対決するというものである。

だが、そのオビ＝ワンがとにかく弱い。その弱さを、宇宙全体でダークサイドの力が強まっていることや、オビ＝ワンが身分を隠すために戦闘訓練やフォースの訓練を一〇年間行っていなかったことに帰するのは確かに可能である。だが、戦闘力がないだけではなく、自信を喪失し、人並みに怖がったりいらだったりする。

そんなオビ＝ワンの姿を毎週見せられるのは、正直に言って苦痛でしかなかった。かつての若々しいヒーローとしてのオビ＝ワンは姿を消し、そこにいるのはやつれた中年男性であった。とりわけ私のような観客にとって（ユアン・マクレガーは私の三歳年上で、ほぼ同世代と言っていい）、それは鏡をのぞきこむような苦行だった。

オビ＝ワンの従属的男性性

だが、観賞後に私はふと思った。最終的に肯定されるべきなのは、『トップガン　マーヴェリック』よりも、『オビ＝ワン・ケノービ』なのではないか？

もちろん、フィクションと現実との区別がうまくできているならどちらを肯定してもいいと言えばそうなのだが、それにしても、マーヴェリックは、完璧すぎないか。オビ＝ワンのように、年老いて力を失っている、けれどもやむにやまれず使命にかり出されそれをなんとか乗り越える……こちらの方が、現代においては説得力のあるヒーローとは言えないか？

ここまで論じてきた通り、若く力強い、健常者の異性愛白人男性というどこまでもマジョリティ的なヒーローというのは（マーヴェリックの場合は若くはないのだが、それを乗り越えることそのものが肝である）、あまりにもベタすぎて、今や保留なしでは肯定できないのではないか。

そして何よりも、とりわけ私のような中年男性観客は、自分たちの幸せのためにも、マーヴェリックに興奮して下手な同一化をするのではなく、オビ＝ワンの中の自分の鏡像と向き合う術《すべ》を学ぶことの方が重要なのではないか？

現代のヒーローものでは「男らしさ全開」では説得力を持たない。個々の作品を挙げれば、これに反論は可能かもしれないが、それにしてもヒーローものの前提を徹底的にひっくり返すことを本体とする最近の作品（ここで念頭にあるのは、先述の「ザ・ボーイズ」シリーズであり、「アンブレラ・アカデミー」シリーズである）の標的となる主たる前提が、男性性、男らしさであることは全体的傾向として言えるだろう。

そうすると、広い意味でのヒーロー物語として、現在支配的なのは『オビ＝ワン・ケノービ』の方であり、『トップガン　マーヴェリック』は偶然の徒花《あだばな》のようなものと考えるべきではないのか？

　実際、『オビ＝ワン・ケノービ』のオビ＝ワンには、現代的な男性性表象のある種の典型が多く盛りこまれている。旧来的なヒーローの超越的な力が女性たちに付与されることが増える中、オビ＝ワンは力を失い、何よりもそれに付随して絶対的な「正義」のポジションも失っている。

　このことは、フェミニズムが進展し、性の平等が進んだ社会では、当然のことであるし歓迎すべきことでもあるだろう。しかし、それだけではそもそも男性を主人公とする物語が成立しない。

　私は二〇二二年に上梓《じょうし》した『新しい声を聞くぼくたち』で、そのように従属化してしまった男性の生き残り戦略の一つとして「助力者」となることを指摘した。オビ＝ワンもまた、助力者となることによってなんとか主人公としての命脈を保つ。つまり、レイアを救う助力者である。

　ところが正直に言って、真の意味で助けられたのはオビ＝ワンであり、ユアン・マクレガーという役者の方だったかもしれない。今回幼いレイア役に抜擢されたヴィヴィアン・ライラ・ブレアのみごとな演技がなければ、『オビ＝ワン・ケノービ』に見るべきものはほとんど残されていないといっても過言ではなかったからだ（私は、このドラマのタイトルは『レイア・オーガナ』でもいいのではないかと、ある時点では思ったくらいだ）。とはいえおそらく、『オビ＝ワン・ケノービ』のオビ＝ワンは、現在の従属化した男性性の重要な側面を捉えている。あえて言えば、作品として残念な出来になってしまわざるをえないことも含めて、それをよく捉えているのだ。

なぜ『トップガン マーヴェリック』は成立したか？

もしそれが正しいとすれば、『トップガン マーヴェリック』のような映画が大成功を収めた秘訣《ひけつ》である「忘却力」によって力強く忘却されているのは、そのような従属化した男性性の現実だろう。その魔法のような忘却力が何に由来しているのかについてはさまざまな指摘ができるだろうが、なんといってもトム・クルーズという希代の俳優の力によるところが大きい。その力は、二〇二三年公開の『ミッション：インポッシブル／デッドレコニング PART ONE』でも発揮された。

ただし同時に、マーヴェリックは第一章で確認したアメリカン・ヒーローの原型にみごとに当てはまってもいる。つまり、共同体の外側に出る、もしくは共同体の外側からやってきて、その共同体に何らかの変化をもたらすというヒーローのあり方である。「マーヴェリック＝一匹狼」というコードネームはまさに彼が共同体の外側にいることを意味しているし、その意味で彼はヒーローの典型である。だが、最終的に彼が共同体にもたらす変化とは何か？　そう考えると、彼にはヒーローとしての重要な要素が欠けているようにも見える。「トップガン」シリーズは、共同体の物語というよりは、どこまでも希代の俳優であるトム・クルーズという「個人」の物語であるからだ。

ここで私が言う共同体とは何だろうか？　これはもちろん難問であるし、一つだけの答えがあるわけではない。だが、『トップガン　マーヴェリック』については、私はこの作品が語りかける共同体の、従属化した男性性に関する現実を、覆い隠してしまっていないかと危惧するのである。

次章では、本章で導入した「加齢」の問題（『トップガン　マーヴェリック』はその問題を「想像的に解決」したと言える）に直面したヒーローものを考えたい。その際には、加齢の問題を加齢の問題としてだけ取り扱うのではなく、その隣接的な、もしくはそれと重複する「障害」という主題も考える必要がある。

第六章　障害、加齢とスーパーヒーロー

完全なる身体の終わり

前章では『トップガン マーヴェリック』と『オビ＝ワン・ケノービ』を対照させた。還暦を迎えんとしていても現役バリバリであるマーヴェリックに対して、オビ＝ワン・ケノービは加齢によって力を失い、ほぼ全編にわたって弱々しく逃げ回っていた（それも最後にひっくり返されるとはいえ）。

本書では、「多様性」が一般化した時代における正義そしてヒーローの行方について考えてきた。白人異性愛健常者男性の完全性を理想とするヒーロー（キャプテン・アメリカやスーパーマンを考えてみよ）をいつまでも規範とすることは、現在の社会が許さなくなっている。ヒーローたちも「アップデート」が求められてきたのである。だが、そのようなリベラルなアップデートはトランプ時代においては強い逆風に直面する。本書ではそのような複雑な力学を論じてきた。

前章で導入した加齢の問題は、ある種の「多様性」の問題として捉え返すことができる。その場合、加齢とはすなわち健常身体的な能力の喪失であるという意味では、「障害」の問題がそれに隣接している。

アメリカのスーパーヒーローたちは本来、障害や加齢の対極にいた。それに関連しては、「障害」という日本語に対応する英語が disability であることが重要だ。つまり障害（disability）とは能力（ability）の対義語（dis-ability）なのだ。「障害」という日本語からはこの対義語関係が抜け落ちてしまう。英語で捉え返してみれば、加齢も障害も ability（能力）の問題という同じ平面の上で同時に捉えられるだろう。

そして言うまでもなくスーパーヒーローたちは、ability（能力）の権化である。彼ら／彼女らは当然に超人的な能力を持っているし、多くは年老いることもない。だが、目をこらして見れば、加齢や障害の問題は昨今のヒーローものにも忍びこんでいることが分かるだろう。本章ではかなり明確に障害や加齢を主題化した「X－MEN」シリーズを論じてみたい。

ユダヤ人、黒人、多文化主義

「X－MEN」の映画シリーズは、二〇〇〇年公開の『X－メン』に始まり、『デッドプール』や『ニュー・ミュータント』も含めるとこれまで一三作が公開されている。

まず、二〇〇〇年代の、オリジナル三部作とも言える『X－メン』、『X－MEN2』

（二〇〇三年）、『X－MEN：ファイナル ディシジョン』（二〇〇六年）は、ヒュー・ジャックマン演じるローガン／ウルヴァリンを主人公かつ一種の狂言回しとして、チャールズ・エグゼビア／プロフェッサーXと、エリック・レーンシャー／マグニートーの勢力との抗争を描く（ミュータントたちの多くは本名とヒーロー名を持っている。以下ではスラッシュで区切った場合には「本名／ヒーロー名」を表し、それ以降は基本として本名で呼ぶ）。

物語は一九四四年、アウシュヴィッツ強制収容所で、エリックが磁力を操る能力に目覚めるところから始まる。この映画シリーズの世界においては、遺伝子の突然変異によって特異な能力を発現させた「ミュータント」たちが存在するのだ。チャールズであればテレパシーと人心の操作、ローガンは肉体の治癒能力である。ローガンは人間によるミュータントの兵器化計画の一環で、骨格にアダマンチウムという世界最硬の金属を注入され、出し入れのできるアダマンチウムの爪を武器として戦うことができる。

とりあえず第一作の『X－メン』の設定を見るだけで、この作品が人種・民族差別と障害者差別という二つの問題を重ね合わせて取り扱っていることが分かる。端的に言えば、このシリーズのヒーローたちは、被差別者、マイノリティなのである。

まずは人種・民族差別について。その点は、先ほど触れた『X－メン』のプロローグでのアウシュヴィッツの場面で予告されている。この場面では、強制収容所に入れられたユダヤ人であるエリックが、母親から引き離されることに抵抗して初めてその能力を発動し、鉄柵をゆがめる。

それによってこの作品はミュータントとしての特異性とユダヤ性を結びつける。それだけではない。例えば、初期シリーズではエリック配下の悪役であったレイヴン／ミスティークは、本来は青い皮膚に赤い髪、黄色い目のミュータントで、何にでも変身できる能力を持っているのだが、彼女のミュータント性は黒人性へと人種化されている。『X－MEN：ファースト・ジェネレーション』（二〇一一年）で彼女は「ミュータントは誇り（Mutant and proud）」という台詞をくり返す。これはもちろん、ジェームズ・ブラウンの一九六八年の楽曲「セイ・イット・ラウド、アイム・ブラック・アンド・アイム・プラウド（Say It Loud – I'm Black and I'm Proud）」のもじりである。

レイヴンは、本来の見た目のために、ミュータントとしての被差別意識を強く持ち続ける。そんな彼女が自分のミュータント性を肯定するにあたって、黒人性を肯定するジェームズ・ブラウンの有名なフレーズに依拠する。だがそれはレイヴンを演ずるのが白人のレベッカ・ローミン（『ファースト・ジェネレーション』以降はジェニファー・ローレンス）であることを考えると、非常に毒のある皮肉である。彼女は変身能力を利用して、比喩的な「黒人」であることを隠して白人としてパッシング（なりすまし）するのだから。

それはともかくとして、この作品における旧人類とミュータントの関係は、マジョリティ人種とマイノリティ人種の関係の比喩となっている。

そして、ここでも、第四章で『ブラックパンサー／ワカンダ・フォーエバー』について論じた「多文化主義」の論理が、正義と悪を規定するために利用されている。つまり（この点は完全には徹底されておらず、『X－メン』ではケリー上院議員というベタな差別者が登場するものの）、善悪の境界線は、マイノリティとマジョリティとの間に引かれるわけではない。そうではなくそれは、「多文化主義・文化相対主義を認める者とそれを認めない者」との間に引かれる。マイノリティであっても、多文化主義の価値を認めない者は悪となる。

具体的には、チャールズ／プロフェッサーXとエリック／マグニートーとの間に引かれる線である。エリックは分離主義の人である。彼は人間とミュータントとの間に和解不可能な線を引き、分離独立にとどまらず、人類をミュータントへと「進化」させることを目指す。これはミュータントを「劣等人種」とみなすような差別主義の裏返しになっている。彼にとっては、ミュータントこそが人類が目指すべき優等人種なのである。対してチャールズは人間との融和共存を目指す、多文化主義の人である。

「X-MEN」シリーズと能力・個性としての障害

このような「多様性」の物語の出発点がアウシュヴィッツになっていることは、アメリカのリベラリズムの本流の表現である。戦後アメリカの冷戦リベラリズムとその想像力の根源には、ナチスとホロコースト（そしてそれと連続したものとして想像されるソ連の全体主義的政治）の否定と忌避があった。

そして、ナチスの標的となった人びとと言えば、ユダヤ人やロマ族だけではない。障害者たちもまた、その「安楽死計画」の標的となった。

ミュータントたちのマイノリティ性には、これまたさまざまな水準で「障害者」のイメージが付与されている。例えば、チャールズ／プロフェッサーXが、歩行ができず車椅子に乗っていることが、それを記号的に象徴している。

そしてより本質的には、ヒーローたちの能力を純然たる能力＝健常性（ability）として捉えないことが「X-MEN」シリーズの一大特徴である。「X-MEN」シリーズは、ヒーローたちを、そもそもヒーローとしてではなく、遺伝子の突然変異が起きたマイノリティとして設定している。その能力は、主人公にふさわしい能力として与えられたものではない。制御できず、他者を傷つけてしまう力を持っている者もいれば、何の役に立つか、にわかには分からない能力を持っている者もいる。また、彼ら／彼女らが正義の味方になるとはまったく保証されていない。実際、シリーズを通して、ヒーローとヴィランはめまぐるしく入れ替わる。

私は、このような構図の背景には、かなり現代的な障害観が働いていると考えている。

一九九〇年代以降の障害学（ディスアビリティ・スタディーズ）においては、障害を「個人／医学モデル」で捉える見方と、「社会モデル」で捉える見方の区別が一般化してきた。個人／医学モデルは、障害が障害者の身体にあると考える。当たり前だと思われるだろうか。これは、「社会モデル」の考え方からすると当たり前でも何でもない。社会モデルは、障害が人間ではなく身体の外側の社会の方にあると考える。つまり、例えば道路に段差があって車椅子では乗り越えられないとすると、その場合「障害」は車椅子の使用者にではなく、段差の方にあると考えるわけだ。さらにそれをひっくり返して考えてみよう。もし、車道と歩道の段差が二メートルの社会があるとしたらどうだろうか。そのような社会では今この社会で「健常者」とされる人びとは全員「障害者」になるだろう。

このように、障害は社会によって生み出されており、相対的なものであると考えるのが社会モデルである。そして、そのような障害の相対化から出てくるのが、医学的な障害をなくす（リハビリする）ことではなく、社会のさまざまなもののデザインを変え（例えば段差をなくすなど）、障害を社会の方からなくしていこうという考え方である。またそこからは、障害を持つことをdisabledとは言わず、differently abled（異なる能力を持った）と表現することになるし、また「障害は個性」と表現することになる。さらにはそこからは、「あらゆる人は多かれ少なかれ障害者」という考え方も出てくる。極端な線を引けば、あらゆる人は障害者と言えるし、逆に障害者は存在しないとも言えるのだ。

障害の社会モデル、『僕のヒーローアカデミア』、新自由主義

「障害は個性」で想起されるのは、日本の漫画・アニメの『僕のヒーローアカデミア』である。『ヒロアカ』は、「X-MEN」シリーズ風の突然変異的能力を「個性」と呼ぶ。この作品でも、「能力」がまさに「個性」と呼ばれることで相対化されるのだ。ただし面白いのは、『ヒロアカ』の世界においては、能力＝個性を持たない人間（「通常」の人間）の方がマイノリティになっているという点である。[*1]

このように能力（ability）と障害（disability）を相対化することは、場合によっては解放的たりうる。それは障害者をゲットー化して社会から遠ざけ隔離するような抑圧から、障害者を解き放つからである。

だがそれは、あらゆる歴史的文脈で解放的たりうるわけではない。とりわけ、かつての福祉国家体制が遠い過去となり、新自由主義時代が数十年続いた現在においては、解放的ではなくなっている部分がある。

ここまで述べた通り、健常性と障害、または能力と非能力（ability/disability）の間の線引きは歴史や社会によって変化していく。福祉国家時代に引かれていたその線は、場合によっては（例えばハンセン病患者の非人道的な隔離のように）障害者を排除抑圧するものだった。その場合、障害者の解放運動とは、「脱施設化」の運動となった。隔離され抑圧された障害者を社会へと「復帰」させる運動となったのである。

では、新自由主義時代には何が起きただろうか。その「脱施設化」を、マイノリティ運動の側ではなく、新自由主義の権力側が押し進めるということが起きた。新自由主義が「小さな政府」を標榜《ひょうぼう》し、福祉を切りつめてそれを市場の手に委ねることを金科玉条としたため、それは当然のなりゆきだった。

そのとき、健常性と障害、能力と非能力との間の線が、引きなおされたのだ。脱福祉、市場化、個人責任化の流れの中では、就労という名の社会復帰が推奨される。平たく言えば、かつて障害者とされた人たちも、福祉に頼るのではなく、それぞれの能力をもって就労しなさいという圧力が高まったのだ。これは、一九九〇年代以降、「福祉から勤労へ」と呼ばれてきた体制である。「誰もが多かれ少なかれ障害者」という、障害の社会モデルがもたらした解放的な障害観も、この体制の中では障害者を福祉に依存させないためのロジックになってしまう（現実には障害者雇用は新自由主義が想定するほどに進んでいるとは言えない。その結果生じているのは単なる「福祉カット」なのだ）。

だとすれば、『ヒロアカ』においてヒーローが「職業」となっていることは当然の流れなのだろう。この作品の「ヒーロー」たちの「個性＝能力」とは、しかるべきヒーロー事務所に所属し、メディア化もされたヒーローとして就労できることなのである。

新たな健常者主義とスーパークリップ、そしてポスト障害の世界

このように、障害の社会モデルは、解放的な理論として提唱されたはずなのであるが、現在においては、能力／非能力の間の線を、新自由主義的な基準で引きなおすことに利用

されてしまってもいる。これを、ロバート・マクルーアは、『クリップ・セオリー』（二〇〇六年、未邦訳）において、「新たな健常者主義」と呼んで批判的に分析している。

そのような「新たな健常者主義」で生じる人物像の一つが、「スーパークリップ（supercrip）」というものである。クリップとは差別語である cripple（不具者）の略称で、差別的な言葉であったものが当事者たちが自己表現をする言葉として転用されたものだ。スーパークリップとは、一つの意味としては必死の努力で障害を乗り越えて活躍する人のこと（パラリンピック選手など）であり、もう一つの意味は、障害者であるにもかかわらず、もしくは障害者であるがゆえに、常人以上の「能力」を発揮するような人びとのことである。

それは典型的には、まさに「異なる能力を持った（differently abled）」人物として描かれる。古典的なところでは『レインマン』（一九八九年）でダスティン・ホフマンが演じるサヴァン症候群のレイモンドのような人物像である。知的障害があるにもかかわらず、いやそれがあるゆえに、常軌を逸した記憶力や認識力、計算力を発揮するのだ。

スーパークリップは、福祉に頼ることなく、できるだけの努力によって「自立」をしようとする障害者の幻想的な象徴である。それは「新たな健常者主義」における、健常性／

障害の線の引きなおしのための装置なのだ。

「X‐MEN」シリーズに戻ると、このシリーズはここまで論じたような能力／非能力（障害）を背景としつつ、典型的に上記のスーパークリップ的な表象に満ちあふれている。

その象徴はチャールズ／プロフェッサーXだ。すでに述べた通り、彼は歩行ができず車椅子に乗って登場する。なぜ彼がそのような障害を負ったのかは、若きチャールズとエリックを描く、オリジナル三部作の前日譚である『ファースト・ジェネレーション』で説明される。彼はその結末において、銃弾を脊髄に受けて障害を得るのだ。

ところが、『ファースト・ジェネレーション』に続く『X‐MEN：フューチャー＆パスト』（二〇一四年）では、興味深いことが起きている。彼は新薬によって歩行ができるようになっているのだ。ただし、その薬の副作用によってテレパシー能力を失っている。彼にはテレパシー能力を使って危機を解決する役割が期待されているのだが、自暴自棄になってそれをしない。だが最終的には薬を手放し、歩く能力と引き換えにテレパシー能力を取り戻して未来を変えるために戦う。

このように、「健常者」としての能力とされるもの（歩けること）と、テレパシーという特異な能力が表裏一体、というかバーターの関係になっていることは、スーパークリップ的表象の大きな特徴だ。

例えば、目が見えない人は聴覚が鋭くなる、といったイメージを考えてみればよい。これは間違ったイメージということではなく、確かに起こることではある。だが問題は、それが「歩けないのと引き換えにテレパシー能力がある」というところまでデフォルメ、もしくは美化されるときに何が起きているのか、ということだ。

そこで起きていることは、彼の能力が、新自由主義的な「新たな健常者主義」の中で、「異なる能力」として捉えられるということである。彼の「障害」はその中ではもはや、健常身体的な、完全な身体を持つヒーロー像を掘り崩すものではなく、むしろそれを新たな時代において補完するものになっている。その新たな時代＝新自由主義時代とは、多様性さえも市場原理に取りこみ、富の創出のための資源とするような時代である。

『フューチャー＆パスト』の面白いところは、そのようなチャールズに敵対する悪役がもう一人のスーパークリップであることだ。『フューチャー＆パスト』は二〇二三年の「現在」において、対ミュータントの戦闘ロボットであるセンチネルにミュータントたちが追いつめられており、キティ・プライド／シャドウキャットが持つ、任意の人物の精神だけを過去の当人に送ることができるミュータント能力でローガンを一九七三年にタイムスリップさせて、センチネルの開発を食い止めるという物語である。

このセンチネルを発明したのは、トラスク博士という人間である。そして、このトラスク博士を演じるのは、小人症で身長一三二センチのピーター・ディンクレイジなのである。「小人症という障害を持ちながらも、人類の行方を左右するような発明をなした科学者」というもう一人のスーパークリップがチャールズらのミュータントというスーパークリップたちと鏡像のように対峙《たいじ》する世界。これを私は「ポスト障害」の世界と名づけたい。

ポスト障害とはつまり、健常性／障害もしくは能力／非能力の間の境界線が新自由主義的な就労可能性の基準によって引きなおされた「新たな健常者主義」の時代であるし、社会モデルによって障害が相対化され、誰もが多かれ少なかれ障害者であり、その限りにおいて誰も障害者ではないとも言えるような世界である。それを表現するのに、ディンクレイジという俳優は絶妙なのである。彼は「善良なる無垢《むく》な障害者」のイメージ、「かわいそうな被害者としての障害者」のイメージを打ち破り、「健常者」に劣らぬ能力と悪辣さを備えたキャラクター性をかもし出している（テレビドラマ『ゲーム・オブ・スローンズ』で彼が演じたティリオン・ラニスター役もまさにそのような役どころであった）。

そのようなディンクレイジの演じるトラスク博士は、じつのところ「悪役」ではない。

この作品には絶対的ヴィランは存在しないのだ。打ち負かすべき敵が存在するとすればそれは「歴史」であり、（少なくともミュータントたちの）歴史の終わりである。

つまるところ、スーパーヒーローに終わりがあってはならない（フランチャイズを継続するという商業的な意味も含めて）。『フューチャー＆パスト』は障害のモチーフを導入するが、スーパークリップたちの戦いはヒーローの存在する歴史の終わりとの戦いなのであり、障害は結局、完全無欠のヒーローの永続性を補完するために取りこみを受けているのだ。

『LOGAN／ローガン』とポストフェミニズムとその向こう側

だが、スーパーヒーローでさえも終わるし、フランチャイズも終わらないわけにはいかない。これは、どんな人間であっても始まりと終わりがあり、その始まりと終わりにおいては他者への依存状態に陥ることが避けられないという事実と平行関係にあるようだ。

もちろんそんな冷徹な事実からは目をそらすという選択肢もある。だがそれから目をそらさなかった作品が『LOGAN／ローガン』（二〇一七年）であった。私はこの作品をシリーズ中の最高傑作だと断言したい。条件付きで。

二〇二九年。もはや新たなミュータントが生まれなくなった世界。ローガンは、体内の

図11　ローガン（写真右）とローラ（写真左）（『LOGAN／ローガン』より）
写真：Everett Collection／アフロ

アダマンチウムの影響で治癒能力を蝕まれ、一言で言えば「老化」が進んでいる（視力も衰えており、さながら老眼である）。彼はリムジンの運転手として働き、メキシコ国境の廃工場で、年老いたチャールズ／プロフェッサーXの介護をして暮らしている。チャールズはアルツハイマー病を患って、テレパシー能力をコントロールできなくなり、薬に頼って能力の暴走を抑えている。老老介護の厳しい現実が描かれる。

前節まで述べたように、「X-MEN」シリーズでは障害が健常性、ヒーローの完全無欠性を掘り崩すのではなく補完することに奉仕していた。しかしこの作品における「老い」は絶対的である。それは不可逆的にローガンとチャールズの時計を、終わりに向けて進めている。

この設定がすでに、これまでの「X－MEN」シリーズの前提を崩壊させているし、より広くはヒーローものの前提を批判もしている。ヒーローも根本的な意味で傷つくし、老いるし、滅びる存在なのである。

しかもローガンとチャールズに、輝かしい人生を送ってきた満足感などというものは小指の先ほどもない。彼らの人生には敗北と喪失と後悔しかない。だが、そのようなものから逃れられる人生などあるのだろうか？ どれだけ成功しているように見える人生でも、結局はすべてを奪われて終わるしかない。そのような鬱々とした世界観が、この作品を覆っている。

だが当然のことながら、二人が年老いて死ぬだけでは物語にならない。ローガンは、遺伝子研究所で彼の遺伝子から生み出された、彼と同タイプのミュータントであるローラ／X－23を、その研究所から逃走したミュータントの子供たちの作ったコロニーに送り届けることになるのだ。ローラは一一歳の少女であるが、ローガンと同様にアダマンチウムの爪で凶暴に戦う。だが、彼女は次第に心を開き、人の心を学び、ローガンを父と慕うまでになる。

失うことしか知らなかったローガンの人生の終わりに、ローラという擬似的な娘が登場する。そして彼女は擬似的な娘であることをやめて、最後には真の娘となるし、ローガンは家族がいること、父であることの「感覚」を最後の瞬間に味わってこの世を去る。何もなかった人生に、その一瞬だけが与えられる。私はこの救いの物語をにわかには否定できない。

だが確かに、この作品には「ポストフェミニズム」的な部分があることは指摘しておくべきではある。つまり、ローラとローガンの組み合わせは、新たな戦う女性と、その女性の誕生と成長を手助けする「助力者」としての男性の組み合わせなのである。

これが、抜きん出た能力を持った女性像が盛んに表象され、その一方で従属化した男性はそのような女性の「助力者」となることで、じつは「新たな男性」の地位をかろうじて保存するような、ポストフェミニズムの現在の典型であることは、拙著『戦う姫、働く少女』[*2]と『新しい声を聞くぼくたち』で論じた（ポストフェミニズムについては本書第十章でより詳しく論じる）。

例えば『風の谷のナウシカ』のナウシカに対するアスベルやユパ、『スター・ウォーズ／フォースの覚醒』のレイに対するフィン、『マッドマックス 怒りのデス・ロード』のフユリオサに対するマックス、『ターミネーター：ニュー・フェイト』のダニーに対するＴ－８００……枚挙にいとまがない。考えてみれば、マッチョで一匹狼的なキャラクターに見えるローガンも、シリーズの第一作『Ｘ－メン』からじつは助力者男性であった。彼は、触れる者からエネルギーやミュータント能力を吸い取るマリー／ローグにその能力を貸して、命を賭して助ける。

　ポストフェミニズムの現在とは、私がポスト障害の現在として特徴づけた新自由主義の現在にほかならない。だがその一方でやはり、『ＬＯＧＡＮ／ローガン』には「Ｘ－ＭＥＮ」シリーズが依拠してきたスーパークリップ的なもの、そして「新たな健常者主義」への批判が込められていると読むことができるだろう。それは、人間の根本的な脆弱性《ぜいじゃくせい》と相互依存性を、年老いて障害を抱えるスーパーヒーローの姿を介して伝えている。

『ＬＯＧＡＮ／ローガン』が公開された直後には、ローラを主人公とした続編もしくはスピンオフがささやかれたし、監督のジェームズ・マンゴールドは続編をまだ諦めてはいないと発言している。

　だが、非常に不適切かもしれないことを述べるなら、『ＬＯＧＡＮ／ローガン』が上記のようなポストフェミニズム的物語の紋切り型で終わらないためには、続編はない方がいいのではないかと感じている。乱暴な言い方をすれば、『LOGAN／ローガン』がヒーローの、そして人間の脆弱性と根本的相互依存性に手を伸ばした名作であり続けるためには、フランチャイズの存続のために障害者や女性といったマイノリティを「取りこんで」いく、という未来（続編）はない方がいいと思うのだ。

第七章　日本のヒーローの昔と今

多様性、ニヒリズム、資本主義

本書では、多様性の時代における「正義」の行方をテーマとしてきた。さまざまなマイノリティの「インクルージョン」の時代とは、ある種の「正義」が求められる時代である。つまり、「多様性という正義」である。ただ、その時代は、ヒーローものに大きくは二つ、もしくは三つの困難をもたらした。

一つは、「白人異性愛健常者男性」を規範とするヒーロー像の克服という困難である。これ自体は特に原理的な困難とは言えない。人種・性・障害の有無などにおいて、典型的ではないキャラクターを発明していけばいいのだから。実際にそれは大いに進められている。

より原理的な問題は、二つの側面が複雑に絡まり合った問題である。まず、多様性とは、言い換えれば多文化主義もしくは文化相対主義であり、そこには否応《いやおう》もなく「価値の相対化」がついてまわる。その相対化を突き詰めると、「正義」は見失われてしまうかもしれない。これがより原理的な困難である。

これはかなり逆説的な現象である。元々ある種の「正義」を求めていたはずの多文化主義が文化相対主義へと反転し、排外主義的で差別的な「価値観」同士の戦いへと落ちこんでしまうのだから。

　二一世紀に入って、とりわけ二〇一〇年代から二〇年代に、トランプ主義に象徴される形でせり出してきた、リベラルな多様性に対する反動は、まさに「価値の相対化」を突き詰めたニヒリズムである。

　だが、じつのところ、主張をする当事者たちはニヒリズムのつもりはなく、それこそ「正義」の主張をしていると思っているかもしれない。リベラルな立場からは人種差別的だったり性差別的だったりと批判の対象になりそうな主張やそれに基づいた行為の多くが、悪意からではなく、不公正や不平等を是正するための「正義」の主張である（少なくとも本人の主観の中ではそうである）ことは、正面から考えなくてはならない問題である。

　例えば、日本にひきつけると、そのもっとも極端な事例は、二〇一六年七月に発生した相模原《さがみはら》殺傷事件である。知的障害者福祉施設「津久井やまゆり園」の元職員である植松聖《さとし》（当時二六歳）が、同施設にナイフを所持して侵入し、入所者一九名を殺害、入所者と職員二六名に重軽傷を負わせた事件だ。

　この事件については多数の著作がある中、雨宮処凜《かりん》[*1]や神奈川新聞取材班[*2]の本を読んで印象深いのは、植松の、「世の中のためにあの犯行を犯した」という主張である。彼は、自らの正義のためにあのような恐ろしい行為に及んだのだ。

ただし、同時に印象深いのは、この思想が彼独自の極端なものではなく、いかに私たちの社会一般にはびこる優生思想や人間を生産性や効率のもとに見る思想を背景としていたか、ということだった。今この社会で、どれだけの差別が「正義」の名のもとに行われていることか。

このような、多様性とそれに対する反動をより複雑化させるもう一つの要因がある。それは、それらの背景としてのグローバルで新自由主義的な資本主義だ。現代における多様性の主張は、純然たる人権や平等の観点だけから行われているのではない。それは、フレキシブルなアイデンティティを選択できることがすなわち個々人の「人的資本」の価値を高めることになるような、新しい資本主義による人間主体に対する要請でもあるだろう。

つまり、多様性に対応した主体は、現代のフレキシブルな資本主義に適応した主体でもある（必ずそうだというわけではないにせよ、そうでありうる）という問題である。現在、企業がグローバル展開するためには「多様性への配慮」が必須になっていることも、その事態のもう一つの側面である。刺激的な言い方をすれば、「多様性は売れる」という事態をどう考えるか、という問題がある。

トランプ主義的な「反動」は、単に平等の理念に基づくリベラルな多様性にのみ向けられたものではない。それは、そのような主体性に適応できる、グローバルな新自由主義の「勝ち組」にも向けられている。

そうであるがゆえに、なおさらトランプ主義者の（主観的な）「正義」は力を持つのだ（もちろん、そのほかならぬトランプが大立て者であり、グローバルな新自由主義の勝ち組そのものであることは、支持者にはなぜか選択的に忘れられているのだが）。第二章と第三章で論じた通り、「アイアンマン」シリーズや「スパイダーマン」シリーズは、多様性と資本主義の結びつきと、それに対する反動の複雑な絡まり合いに応答しようとするものだった。

日本のヒーロー物語と「多様性」

さて、以上のような議論を、日本にそのまま当てはめるのは難しいように思えるかもしれない。というのも、日本は（少なくとも一部の自己イメージにおいては）均質的な国であり、アメリカで進展しているような「多様性」は、無縁とは言わないまでも、縁遠いもののように思われるからだ。

もちろんこれを日本は人権後進国だ、の一言で片づけることもできる。だがアメリカの「多様性」が複雑であったのと同程度に、日本の「均質性」も複雑なものだと考えるべきではないか。

ここからは、そのような考えを念頭に置きつつ、太平洋を渡って日本のヒーローものを考えていくのだが、日本のヒーローものの系譜と現在を考えるにあたっては、アメリカのそれを考えた際に採用した「リベラルな多様性とニヒリズム」という図式は当てはまらないということをはっきりと述べておきたい。ではその代わりに、どのような原理がそこに働いていると考えるべきだろうか?

本書の残る部分では、「ヒーローもの」の枠組みで論じられることが多い「ウルトラマン」シリーズ（以下、通称として「ウルトラ」シリーズ）と「仮面ライダー」シリーズの系譜を考察し、最終的にその系譜の帰結としての『シン・仮面ライダー』と『チェンソーマン』を考えてみたい。それにあたって、「女の子のため」のヒーローものとして「プリキュア」シリーズとの比較も避けられない。

もちろんこれらのシリーズの系譜に関する著作は多くある。本書では主に三つの絡まり合った視点でその議論に新たな貢献をしたい。見通しをよくするために、その三点を簡単にまとめておく。

①「官僚的な正義と民間の陰謀論的組織」という対立軸。官僚的なもの（軍隊）への信と、官僚的組織を信じない、陰謀論的な正義と悪の世界観を、「ウルトラ」シリーズの系譜と「仮面ライダー」シリーズの系譜はそれぞれ表現している。それらは、モダンからポストモダン、福祉国家体制から新自由主義への移行を表現している。（本章）

②正義の資本主義的なニヒリズム化とデスゲーム化。これは①の歴史的な帰結と言える。日本においてだけではないが（しかし日本で顕著だが）官僚的正義が失われた後に「市場」が据えられる。その端的な表現がデスゲームである。（第九章）

③男性の従属化と女性の活躍。これも①と②に呼応して出てくる現象であるが、そのような状況はジェンダーの観点から捉え返される必要がある。旧来は男性中心的だったヒーローものは、日本においてもやはり再考を迫られている。（第十章）

この三つの論点に通底する、もしくはその前提となる論点に「ポストモダニズム」の問題がある。というのも、このように細分化してみた諸問題は、「ポストモダニズム」の諸側面とまとめることも可能なのだ。だがむしろ、それを「ポストモダニズム」（ならびにそれと置きかえ可能な比喩）で括《くく》ってしまったときに見失われるものを考えてみたいのだ。「ポストモダニズム」の真の姿を考えること、これが本書の残りの目的と言ってもいい。

リトル・ピープルの時代

『ウルトラマン』が放映されたのは一九六六〜六七年。経済白書が「もはや戦後ではない」と述べ、高度経済成長が始まって早一〇年。「ウルトラ」シリーズは、その後現在まで連綿と続いている。最近では樋口真嗣《ひぐちしんじ》監督の映画『シン・ウルトラマン』（二〇二二年）が公開されて話題となった。

一方で初代『仮面ライダー』の初回が放映されたのは一九七一年である。こちらもシリーズとして現在まで続いている。二〇二三年には庵野《あんの》秀明監督の映画『シン・仮面ライダー』が公開された。

日本の場合、ヒーローものは「特撮」という独特のジャンルと大きく重なり合う。「ウルトラ」シリーズも「仮面ライダー」シリーズもその特撮の二大巨頭である。ただ、ヒーローものを「特撮」の枠だけで見ていては見えなくなるものが多いし、逆に特撮を網羅的に論じる必要は必ずしもない。とりわけ、この後論じるように、アニメや漫画などの他ジャンルも含みこんだ形で日本的なヒーローものの系譜を考えてみたい。

それはともかく、「ウルトラマン」と「仮面ライダー」であるが、この二つのシリーズについては、批評家の宇野常寛《つねひろ》が『リトル・ピープルの時代』*3ですでに強力な図式を提供しているので、そこから始めてみよう。

宇野は、村上春樹に依拠しつつ、一九六八年に象徴される政治の時代まで有効だった権力論の時代を「ビッグ・ブラザーの時代」、それ以降を「リトル・ピープルの時代」と名づける。前者は言うまでもなくジョージ・オーウェルのディストピア小説『一九八四年』からとられたもので、強大で中央集権的な国家権力があり、それに抑圧される力なき民がいる、という権力のヴィジョンである。

それに対する「リトル・ピープルの時代」とは、そのように集中した権力と、それにともなう「大きな物語」が失効して、権力がリトル・ピープル＝小さな人びとに拡散した時代である。つまり、今や権力は国家などに集中されてはおらず拡散されているので、そこに「巨悪」を見出して討つといった抵抗の方法は無効であり、誰もが権力（父）でありうる日常性に対応する方法を学んでいかなければならない。

宇野はこの言葉をあまり使わないが、言い換えればこれはモダン（近代的）な権力とポストモダンな権力との差異である。モダンの時代とは基本的には国民国家の時代であり、権力は国家に集中する。それに対してポストモダン時代に、権力の中心性はなくなったとされる。

哲学者のミシェル・フーコーの言葉を使うなら、後者の権力とは「生権力」である。フーコーの場合はモダンとポストモダンというよりは、プレモダン（前近代）と（ポスト）モダンとの差異が重要になる。モダンにおける権力は「殺す」権力であるというよりは「生かす」権力である。

生きている人びとはある程度自由に個々人の生活を送っているように見えるかもしれない。しかし、生きていられること、個人の自由があるところにこそ、（ポスト）モダンの権力は働いている。その場合、私たちは権力によって単に「支配」されているのではない。私たち自身が一人一人権力の主体となって自己を統治しているのだ。そこに（ポスト）モダンな権力の狡知がある。

さて、宇野は、「ウルトラマン」はビッグ・ブラザーの時代に属し、「仮面ライダー」はリトル・ピープルの時代に属する作品だとして、両シリーズ、とりわけ「仮面ライダー」シリーズを詳細に論じていく。

この図式がもたらす洞察は膨大なものがある。実際私はこの後、この図式を引き受けた上で議論を展開していきたい。しかし、その前に、宇野の議論について私が問題だと考える点を述べておく必要がある。

それは、現代の権力がリトル・ピープル的な権力として全面化してしまったという点を強調するあまりに、宇野が権力に関するニヒリズムから抜け出せなくなってしまっているということである。

リトル・ピープルの時代＝ポストモダン時代においては、私たちはみな小さな権力＝父たることを避けられない。そのような状況で権力を批判するということは自己否定になってしまう。そこで、権力に居直って有害な存在になるのを避けるためには（それは必要だと宇野は考えているのだと思うが）、その権力を「あえて」という姿勢で受け容れることが必要である。つまり、父にはなるのだが、「本気ではないですよ」と言いながらその立場を引き受ける、というわけだ。

これはこれで、論理的な必然性を持った結論だとは思う。現在がポストモダン状況であるという診断が正しいなら、ビッグ・ブラザー的権力の「外部」の主体を、もしくはそれに対する「抵抗」の主体を想定することはむしろ不誠実というものであり、そうであるならば、抵抗は徹底的に「内部」に沈潜したところから行われるしかない。だがやはり、そのような内部を「あえて」引き受けることとベタに引き受けることとの違いがどこにあるのだろう、と不安になることも確かなのである。

実際、現代のニヒリズムの問題を考えるときに、「あえて」という姿勢はその解決になっているどころか、むしろニヒリズムそのものになっている可能性はないだろうか。現代の「冷笑系」の論者たちに共通する姿勢はまさに「本気ではないのに何をムキになってるんですか?」というものだろう。

このような宇野の限界を超えつつヒーローを論じるためには、「リトル・ピープル」という比喩の具体的な中身は何なのかということを考える必要がある。それは「ポストモダン」という比喩を、単に別の比喩で置きかえたものであってはならない。そして、そうならないためには、比喩を超えた具体的な歴史性を考える必要がある。そのために、私は本書でずっと基礎としてきた二つの論点を導入したい。それは、資本主義とジェンダーである。

ごく端的に論点を要約しておく。ポストモダニズム／リトル・ピープルの時代という権力論、もしくは権力構成の比喩の背景にあるのは、グローバリゼーションと新自由主義である。グローバリゼーションとは経済のボーダレス化であると当時に新たな経済競争の体制である。

したがって、グローバリゼーションとはすなわち「均質化」であるとする理解は事態の一面しか見ていない。それはむしろ、新たな形での経済格差と階級を生み出している。それは均質性ではなく差異から富を生み出している。グローバル・サウスやグローバル・ノースという表現はその差異・格差を捉える言葉の例である。

新自由主義は、基本的にはそのような経済競争を各国内で押し進める体制の名前と考えていいだろう。この点を理解するには、例えばナオミ・クラインの『ショック・ドクトリン』[*4]を読んでいただくといい。クラインは単に自然災害に便乗してアメリカの支配層が自分の都合のよい経済体制を作り出していると論じているのではなく、ミルトン・フリードマンらの市場万能主義的な政策がＩＭＦや世界銀行といった国際機関の助けも借りて世界各国に押しつけられる際に取られる基本的な手法について論じているのである。

その最初期の成功モデルは、一九七三年のチリの、ピノチェトによるクーデターへのアメリカ政府、CIA、世界銀行による介入と、その結果のチリ国内での新自由主義的な政策の確立だった。チリは世界でも新自由主義政策をもっとも早く採り入れた国であると言われる。

ジェンダーについては、本書のここまでの議論で明らかになったことを願ってはいるが、現在押し進められているし、さらに押し進められるべきジェンダー平等の問題と、新自由主義的な資本主義のある種の要請としての「多様性」の問題を、まずは切り分けて考える必要があるだろう。それは、第六章で論じた「ポストフェミニズム」の問題である。

宇野は権力を持っていることを「父」という比喩で語り続ける。リトル・ピープルという新たな権力体制を論じつつ、それをあくまで「父」の比喩でしか語れないことは、宇野個人ではなく日本の批評の限界であるように思う。ジェンダー論をポリティカル・コレクトネスという観点を超えて、資本主義とも絡まり合った権力論として導入することで、この限界は超えられるべきだ。具体的には後の章で検討していきたい。

さて、資本主義とジェンダーといっても、あまりにも論点が大きいので、それらの問題が個々の作品でどのように表現されているのかを論じるためにはさまざまな媒介が必要になる。

そこでまずは、先に要約した三つの論点のうち、①について論じたい。つまり、「官僚的な正義と民間の陰謀論的組織」という対立の系譜である。

この対立については、本書でここまで論じてきた主にアメリカのヒーローものにも当てはまる部分はあるが、表現や力点がかなり異なっているだろう。前半で論じたように、アメリカにおいては官僚組織より前に、コミュニティと、そこから逸脱する個人の正義との軋轢《あつれき》という主題がまずは前景化された。「バットマン」シリーズの基本形を考えると、確かに「バットマン」では警察組織（基本的には無能）と、その外側で、外側にいるからこそ実現できる正義という対立図式がある。

日本では、コミュニティ対個人ではなく、官僚組織対民間の個人という対立が、物語の素材として独特の力を持っているように思われる。少なくとも、一九九〇年代から二〇〇〇年代にはそれが大きな力を持った。

典型的な作品は、一九九七年に放映された刑事ドラマ『踊る大捜査線』である。このドラマは、警察の官僚組織の矛盾を描いたことが独特であった。警察組織における官僚主義と縦割り行政、キャリア制度の問題を、元民間企業の敏腕営業マンであった織田裕二演じる青島刑事を主人公に描き出していく。

このドラマの重要な点は、ある側面ではそれまでの刑事ドラマの典型を脱して、かなり写実的に警察の捜査や組織を描きながら、同時にじつのところ、警察をあたかも企業であるかのように取り扱った点であろう。警視庁を「本店」、所轄署を「支店」と呼ぶのは、それを象徴している（実際にそのように呼ぶのかどうかは定かではないが、おそらくこのドラマ独特の発明である）。

それによって、『踊る大捜査線』は一種の企業ドラマのように観られた。二〇〇〇年代に人気を博した池井戸潤の小説「半沢直樹」シリーズは『踊る大捜査線』に連なると見ていいだろう。つまりそこに共通するのは、「非効率的な官僚的組織に対して挑戦し、勝利する個人」という図式だ。ちなみにその医療ドラマ版が、『Doctor-X ～外科医・大門《だいもん》未知《みち》子《こ》～』である。

そのような物語は、基本的に新自由主義の物語なのだ。新自由主義は、これまでの「大きな政府」による統治、それにともなう官僚制や官僚的会社組織を敵視し、非官僚的で柔軟な組織を肯定した。それを推進する理想的な主体はドラマ（劇物語）の中では、組織からはずれ、突出した能力を持つ「個人」ということになる。

さて、時代的に少々勇み足に前に進みすぎたかもしれないが、そのような九〇年代から二〇〇〇年代に至る前史を、「ウルトラマン」と「仮面ライダー」シリーズは構成している。そこに見られるのは、まずは官僚制の否定というよりは、官僚制を肯定したいというベクトルと、官僚組織を信じられないというベクトルの分裂、綱引きである。

科学特捜隊＝自衛隊

まず、「ウルトラ」シリーズについては、とりあえずは初代に限定すると、科学特捜隊（『ウルトラセブン』ではウルトラ警備隊）および隊員の一人で、第一話でウルトラマンと一心同体となるハヤタ・シン隊員、M78星雲人であるウルトラマン、そして毎回登場して人類と敵対する怪獣や宇宙人という三つの勢力で構成されている。

科学特捜隊を自衛隊、怪獣をソ連や中国といった冷戦体制における敵対国、そしてウルトラマンをアメリカ合衆国（軍）と見る読解は多く行われてきた。先述の宇野はその議論を次のようにまとめている。

巨大怪獣／宇宙人とはソビエト連邦、中国といった「東側諸国」の軍隊であり、科学特捜隊やウルトラ警備隊といった人類による防衛組織が自衛隊、そしてウルトラマン、ウルトラセブンといった超越的な巨大ヒーローはアメリカ軍——「ウルトラ」シリーズの初期作品『ウルトラマン』（１９６６年）、『ウルトラセブン』（１９６７〜68年）の２作をサンフランシスコ体制の比喩として位置づける試みは80年代〜90年代のポップカルチャー批評において呉智英《くれともふさ》、佐藤健志《けんじ》などによって繰り返されてきた。[*5]

このことから宇野は、ウルトラマンが「国家の暴力＝軍隊の比喩として機能してしまう宿命を抱えていた」と述べる。[*6]

この読解は、例えば科学特捜隊が国際組織でどうやら本部はフランスにあるらしいといった部分を考えると、もう少し複雑化できそうな気もするが（例えば自衛隊が戦後サンフランシスコ体制の中で、国際的な平和秩序の維持者の一部になって欲しいという欲望）、当面は受け容れて先に進もう。私としては「軍隊」とはすなわち「官僚組織」であるという読み替えを強調しておきたい。

確かに「ウルトラ」シリーズは戦後冷戦体制において、東側諸国という外部の敵に対して、自衛隊と在日米軍が理想的な形で、ハヤタ隊員とウルトラマンのように一心同体となることを夢想した作品であった。ただしそれは同時に有能な官僚組織に対する「信」が（願いという水準であれ）込められた作品でもあったことは、この後の「仮面ライダー」シリーズを考える上で重要になる。

「仮面ライダー」シリーズ、「水戸黄門」から「必殺仕事人」へ

宇野によれば、「仮面ライダー」シリーズは「リトル・ピープルの時代」のヒーローものである。曰く、

> 『仮面ライダー』は超越者による状況介入ではなく、同格の存在同士の抗争として「ヒーロー」の戦いを再定義したのだ。言い換えれば、奇《く》しくも、同年に結成された連合赤軍がそうであったように、『仮面ライダー』は「内ゲバ」としての——無数の「小さき者たち」の相互関係としての暴力（正義／悪）というイメージを提出したとも言えるだろう。[*7]

「仮面ライダー」シリーズ、とりあえずはそのオリジナルシリーズの『仮面ライダー』（一九七一～七三年）の基本構図は、大学生にして科学者、有能なオートレーサーでもある本郷猛《ほんごうたけし》が、世界征服を企む《たくら》悪の組織ショッカーに捕らえられ、バッタ人間に改造されそうになるものの、脳改造をされて良心を失う前に脱出、その後はさまざまな怪人を送りこんでくるショッカーと闘う、というものである。

宇野が先述のような読解をしているのは、まずはこの二つのシリーズの非常に表層的な差異によるものであろう。つまり、「ウルトラ」シリーズの怪獣とウルトラマンの純然たる巨大さに対する、「仮面ライダー」シリーズの怪人たちと仮面ライダーの小ささ、というより通常の人間と変わらないサイズ感である。「仮面ライダー」シリーズのポイントは、その日常との「近さ」であろう。特撮とはいっても、基本的にはＤＩＹ感のあふれる着ぐるみや化粧を施した俳優たちが、ごく日常的な環境で戦う。

「仮面ライダー」シリーズは常に、ライダーベルトをはじめとするグッズを一緒に売り上げてきている。もちろん「ウルトラ」シリーズやそのほかの戦隊ものなどもすべてグッズを売ってきたし、作品の商業主義を批判したいわけではない。そうではなく、仮面ライダーはそのＤＩＹ感が鍵だと思うのだ。

　こう言ってはなんだが、素人や子供がその辺で、買ってもらったライダーベルトをつけてライダーごっこをしているかのように、「仮面ライダー」シリーズそのものが作られているようにも見えるのだ。宇野が『仮面ライダー』が超越者の介入ではなく「小さき者たち（リトル・ピープルたち）」の同格の抗争であると述べるとき、まずはそのような表層的なものが説明されているだろう。

　より深層に関わってくるのは、「仮面ライダー」シリーズの善悪に関わる部分である。「仮面ライダー」シリーズは、現代的な陰謀論の枠組みを用意した。つまり、悪の軍団だと想定されるショッカーによって生み出された仮面ライダーは、（ここはバットマンに似ているが）善と悪の境界線にまたがったような存在なのである。

　ここで、じつは仮面ライダーは「正義の味方」とは呼ばれないという事実が重要になってくる。第五～一三話の冒頭、主題歌の終わりに重ねられるナレーションは次の通りだ。


　仮面ライダー本郷猛は改造人間である。彼を改造したショッカーは、世界制覇を企む悪の秘密結社である。仮面ライダーは、人間の自由のためにショッカーと戦うのだ。

（傍点は著者）

この通り、仮面ライダーは「正義」のために戦うのではない。「人間の自由」のために戦うのである。このことの意味は追って考えるとして、「悪」と名指されているショッカーの「秘密結社」というあり方は、悪のあり方としては新たなものだっただろう。いや、重要なのは新しさではなく、その後、一九九〇年代にはオウム真理教といった形で現実のものとなり、『新世紀エヴァンゲリオン』によって物語的な想像力の燃料となって、二一世紀には私たちの政治と文化を深く蝕んでいった陰謀論的な悪のあり方の先駆けであったことだ。

ここに見た「ウルトラ」シリーズと「仮面ライダー」シリーズに表現された善悪をめぐる二つのあり方――つまり、超越的に「上」からもたらされる正義と、より等身大なヒーローがもたらす正義（というよりそれはもはや正義と呼ばれることもない）――は、ヒーローものや特撮だけでなく、戦後日本文化により広く深く浸透したものである。

そのことは、まったくの別ジャンルに同じ対立が見出せることを指摘すればよく分かるだろう。ここで私の念頭にあるのは、時代劇においてそれぞれに一時代をなした、「水戸黄門」シリーズと「必殺」シリーズだ。

時代の符合も非常に示唆的だ。「水戸黄門」の物語は江戸時代後期の作者不明の講談『水戸黄門漫遊記』に端を発しているが、テレビ時代に「水戸黄門」物語を定番化させたのは、TBSの一九六四年からの『ブラザー劇場　水戸黄門』（一九六五年まで）と、一九六九年から二〇一一年の間に、第四三部まで続いた『ナショナル劇場（後にパナソニックドラマシアター）水戸黄門』である。その後、BS‐TBSで二〇一七年と二〇一九年に放映されて、テレビドラマ「水戸黄門」シリーズの歴史は幕を閉じた。

対する「必殺」シリーズは、『必殺仕掛人』が一九七二年から翌年まで、藤田まこと演じる中村主水《もんど》が登場する『必殺仕置人』が一九七三年、『必殺仕事人』が放映されたのが一九七九年から一九八一年で、その後は中村主水を主人公とするシリーズが断続的に一九九二年まで、そしてスペシャルドラマの『必殺仕事人２００７』以降は東山紀之《のりゆき》演じる渡辺小五《しょうご》郎《ろう》を主人公にスペシャルドラマとドラマシリーズが作られている。
「水戸黄門」シリーズ（一九六四年）と「ウルトラ」シリーズ（一九六六年）が六〇年代に生まれ、「必殺」シリーズ（一九七二年）と「仮面ライダー」シリーズ（一九七一年）が遅れて七〇年代に、それぞれほぼ同時に始まったことには、偶然以上のものがあるように思えてならない。

もちろん、一〇年区切りの年代は恣意的なものでしかないと言えばそれまでだが、黄門／ウルトラと、必殺／仮面ライダーはそれぞれ同種の原理に基づいた二つの作品群なのである。「水戸黄門」も「必殺」も、毎回ほぼ同じような物語パターンをくり返す。

「水戸黄門」の水戸光圀《みつくに》は、越後のちりめん問屋の隠居を隠れみのにして、助さん・格さんという手練《てだ》れの従者を連れて、日本各地の役人たちの不正・腐敗を正していく。毎回のクライマックスではちゃんばらとなり、助さん・格さんが徳川の家紋のついた印籠を掲げ、悪人たちが平伏するというのが、ほぼお決まりのパターンであった。

対する「必殺」シリーズにおいては、「正義の味方」たちは、表の稼業とは別の、暗殺者としての裏の顔を持っており、悪人へのはらせぬ恨みをはらすよう金銭で依頼され、暗殺を実行する。金銭での依頼とはいえ、物語上は依頼者たちは悪人によってひどい目に遭わされたかわいそうな被害者であることが基本である。

「必殺」シリーズは音楽などの演出の水準も含めて、明確に西部劇が意識されている。つまり、主題的には、本書前半で論じたようなアメリカ的な「正義」のパターンを「必殺」シリーズはなぞっている。公の法では裁かれない「悪」を、法の外側に出ることで裁くというパターンである。

「水戸黄門」＝「ウルトラマン」、「必殺」＝「仮面ライダー」という共通性はこの概要だけでもかなり見やすいだろう。「水戸黄門」の底流に流れるのは、「お上」、政府や官僚組織への信である。もちろん、毎回の物語を駆動するのは各地方の役人の腐敗なのだが、それを正すのは超越的存在（水戸光圀）だ。正義は明確にその超越者の側にある。

それに対して、「必殺」の世界では、そのような超越者の正義そのものがまず不調を来している。物語の肝は、悪が公的な裁きを受けないことだ。それゆえに、仕掛人／仕事人たちは、「法の外」に出ることによってこそ「自分たちの正義」をなせるのだ。

また、「変身」の意味もそれぞれの作品群において異なっている。まずそもそも、この四作品はすべて、毎回の終わりの方で「変身」が行われ、悪が討たれるというパターンを共有している。だが、黄門／ウルトラにおける変身と、必殺／仮面ライダーにおける変身は異質だ。黄門／ウルトラの変身は「本来の超越的な権威への変身」である。水戸光圀はちりめん問屋の隠居、ウルトラマンはハヤタ隊員という「仮の姿」から、水戸光圀とウルトラマンという本来の超越的な権威へと変身する。

それに対して、必殺／仮面ライダーは、「裏の顔」へと変身する。例えば「必殺」の中村主水は、日頃は正義感のかけらもないぐうたらの「昼行灯《ひるあんどん》」と揶揄されるような人物であるが、最後の仕置／仕事の際にはシリアスで悪を許さない優れた剣客へと姿を変える。もちろんこれを仮の姿から真の姿への変身と見ることも可能だ。だが重要なのはそれが、「隠すべき裏の顔」への変身であることだ。

それは仮面ライダーにも共通している。仮面ライダーはあくまでショッカーによって生み出された改造人間である。それらは超越的な権威ではなく、下手をすれば悪と交換可能な存在である。ライダーたちと仕事人たちは、基本的には身近な人間に対して、裏の顔を隠そうとする。

この「変身」の違いが表現しているものは何だろうか。それは、官僚制度に対する姿勢の違いである。

確かに、両方において官僚制は不調を来している。「ウルトラ」シリーズの場合は科学特捜隊＝自衛隊の無力、「水戸黄門」シリーズの場合は地方の役人の腐敗、「仮面ライダー」シリーズの場合はショッカーの存在とそれを取り締まる公権力の不在、「必殺」シリーズの場合も悪を公の司法が取り締まれないこと。

だが、その不調の解決の仕方がこれらの二系統においては完全に異質なのだ。前者はウルトラマンと徳川家の印籠というさらなる上位レベルの官僚権力が介入して問題を解決するのに対して、後者は個人としてのヒーローたちが法の外側へと逸脱し、下から、というより裏から問題を解決するのである。前者においては官僚制は信じられ、後者では官僚制は根本的に不調なままである。

新自由主義的感性と「正義」の行方

『ウルトラマン』から『仮面ライダー』へ、『水戸黄門』から『必殺仕掛人』へ。この移行には、現代の私たちの社会にまで至る重要な歴史的転換が隠されている。ここで改めて、『仮面ライダー』の冒頭の口上で「仮面ライダーは、人間の自由のために」戦うと言われていたことを思い出そう。

端的に言って私は、仮面ライダー＝「必殺」シリーズ的なものは、ウルトラマン＝水戸黄門的なもの――それは権威主義であると同時に、官僚的なものを信じたいという欲望でもある――との対照において、前に論じた新自由主義的な物語を準備したと考えている。そこでは、もし「正義」というものがあるとして、それは「自由」のことでしかありえない。そしてその場合の「自由」とは、官僚主義的なもの、権威主義的なものからの自由であり、中央集権的な国家からの自由である。

そして同時にそれは、その新自由主義の行く先にある二一世紀的なニヒリズムも準備したと主張したい。

だが二一世紀に入る前に、『踊る大捜査線』的なものに表現されることになった反官僚的な「正義」のあり方への反転がいかに生じたのか、そしてそこでは「仮面ライダー」的なもの、あるいは「必殺」シリーズ的なものがすっかり支配的になり、「ウルトラ」シリーズ的なものは（もしくは「水戸黄門」的なものは）完全に姿を消してしまったのかどうか、という点を考えておく必要があるだろう。

その点を考えるためには、庵野秀明という存在、そして彼のアニメ監督としての地位をゆるがぬものにした『新世紀エヴァンゲリオン』（オリジナルのテレビシリーズは一九九五〜九六年）を素通りすることは不可能だ。次章では続いてこの作品を考えていこう。

第八章　正義のパロディとニヒリズムとの戦い

「ウルトラマンの人」としての庵野秀明

庵野秀明については二つのことを確認する必要がある。①彼の志向は基本的には「仮面ライダー」的なものよりは「ウルトラマン」的なものに向かっているということ、そして②彼がそのキャリアを開始した時点（一九八〇年代）では、「ウルトラマン」であれ「仮面ライダー」であれ、正義を主題とするヒーローものはすでにパロディ化の対象でしかありえなくなっていたこと、の二つだ。

この二つを一挙に表現しているのが、庵野秀明のアマチュア時代の名作八ミリフィルム『帰ってきたウルトラマン』（一九八三年）である。これの制作過程を知ることができる一次文献としては『庵野秀明―パラノ・エヴァンゲリオン』[*1]があるが、当時大阪芸術大学で同級生であった漫画家の島本和彦による半自伝的な漫画『アオイホノオ』（二〇〇七年〜）は、もちろん脚色もあるだろうが、当時の様子を伝えていて面白い。

庵野が「ウルトラマン」のパロディ映画を作ったきっかけは、大学の一回生時の映像実習でCM集を作った際に、オマケとして『ウルトラマン』を作ったことだった。[*2]

その後庵野は日本SF大会『DAICON III』のオープニングアニメーションを制作した

ことをきっかけに岡田斗司夫《としお》らが作った映像制作集団であるDAICON FILM（後に『新世紀エヴァンゲリオン』などを制作するガイナックスの前身）に参加し、そこで「ウルトラマン」を再び撮影する（それゆえに『帰ってきたウルトラマン』と題されている）。

そのようにして『ウルトラマン』から始まった庵野のキャリアは「巨大なもの」を描くことに費やされたと言っても過言ではない。宮﨑駿監督の『風の谷のナウシカ』で最後の巨大な巨神兵の場面を任され、そして彼の名前を不動のものにしたのは言うまでもなく『新世紀エヴァンゲリオン』であった。『エヴァンゲリオン』で主人公の少年が乗るのは、「巨大ロボット」かと思いきや（そうであればこの作品は『機動戦士ガンダム』の系譜におけば済むのだが）、エヴァンゲリオンはロボットではなく生物であることが明らかになっていく。少年たちは巨大な異星人風の人造生命体と一体化して戦うのである。その意味では『エヴァンゲリオン』は確実に「ウルトラ」の系譜にある。

それは、単に巨大な異星人という要素だけの問題ではない。庵野は基本的に、官僚制への信を基礎に置いている。そのことを、あの巨大な生物兵器は表現している（ちなみに、『風の谷のナウシカ』の巨神兵も同様である。これは漫画版で明確に語られるが、巨神兵は過去の科学者たちの集団的なプロジェクトの結実である。ナウシカはそのようなプロジェクトを最終的に破壊する。人間の意図による自然への介入を根本から否定する。その意味でナウシカはじつのところ新自由主義的な感性のキャラクターである）。

『エヴァンゲリオン』の快楽の多くの部分は、ネルフという官僚＝軍隊組織の有能さである。例えば第六話の「決戦、第３新東京市」における有名な「ヤシマ作戦」などを考えればよい。庵野作品は、常に「集団的プロジェクトの快感」とでも言えるものを軸にしている。

そのことは、今出てきた「第３新東京市」を手がかりに言うこともできる。『エヴァンゲリオン』の世界では東京は壊滅して現在の箱根に遷都し、「第３新東京市」を名乗っているが、英語ではTOKYO-3もしくはTOKYO-IIIであり、これは小松左京原作の映画『さよならジュピター』（一九八四年）に登場する巨大宇宙貨客船の名称なのである。そして、『さよならジュピター』で描かれるのは、地球を飲みこむ軌道に入ったマイクロ・ブラックホールを、木星を爆破することによって回避するという人類生き残りのための巨大プロジェクトであり、クライマックスの場面の演出も明白に『エヴァンゲリオン』に影響を与えている。

この関係が際立ったのは、「エヴァンゲリヲン新劇場版」シリーズの完結編である『シン・エヴァンゲリオン劇場版』（二〇二一年）においてであった。そのクライマックスでは、『さよならジュピター』の主題歌である、松任谷《まつとうや》由実の「VOYAGER～日付のない墓標」が使用されたのだ。『さよならジュピター』と『シン・エヴァンゲリオン劇場版』の共通点は楽曲だけにとどまらない。主題的な部分でもそこには共通性がある。

その共通性とは、巨大なプロジェクトを実行するための官僚組織による集団的な人間の努力、というものである。「ウルトラ」シリーズや「水戸黄門」の系譜に属する主題だ。

ただ、この共通性の意義を真に理解するためには、話を『帰ってきたウルトラマン』まで巻き戻し、庵野秀明はじつは純然たる「ウルトラマン」の人ではなかったという、「別の系譜」について考える必要がある。それを考えれば、庵野は「ウルトラマン」的なものの不可能性にそのはじめから蝕まれ、その不可能性を超克しようとしたことが分かるだろう。

庵野がそのキャリアをスタートさせた時点で、彼に与えられていたのはすでに存在するヒーローものの「パロディ」しかなかった。先述の『帰ってきたウルトラマン』では、クライマックスでほかならぬ庵野秀明自身が服を着替え、上着だけ申し訳程度にウルトラマンの格好をして顔はさらしたまま怪獣と戦う。ここにはこの作品が『ウルトラマン』のパロディでしかないという意識が色濃く出ている。

残されたのはパロディのみ

庵野が登場した一九八〇年代という時代は、ヒーローものという意味ではすでに一通りのものが出そろい、そしてそれだけではなく仮面ライダー／必殺シリーズ的に純粋な善と悪が見失われて、残されたなすべきことはもはやパロディでしかない、そのような時代だった。

そのことは例えば、先に名前を出した島本和彦の出世作『炎の転校生』（一九八三〜八五年）を見ればよく分かる。『炎の転校生』では、転校生の主人公滝沢昇《のぼる》が、決闘によってすべてを決するというルールを持った学校に転校してきて、そこで「滝沢キック」という必殺技を使って決闘をする。ところが、やがて明らかにされるのは、昇の父滝沢昇一が「秘密教育委員会」という組織の一員で、この委員会の、腐敗した学園の経営者や教員を成敗するという仕事に昇は利用されていたということである（この「学園決闘もの」というジャンルについては拙著『はたらく物語』[*3]で論じた）。

『炎の転校生』は特撮ヒーローものの「お約束」をこれでもかとばかりにパロディ化する

作品であった。このような八〇年代のパロディ精神は、単なる余興的なものではなく、正義／悪などということが正面から真顔で言えなくなった時代（宇野常寛なら「リトル・ピープルの時代」と呼ぶであろう時代）への一つの処方箋だったのである。庵野による『ウルトラマン』のパロディもそうであった。

かくして、庵野はその始まりから、超越的正義や官僚的・集団的プロジェクトの快楽を軸とする「ウルトラ」的なものに魅了されつつも、それをベタに実践することの不可能性にも蝕まれていた。その意味では仮面ライダー／必殺シリーズ的な善悪の相対化や組織に対する陰謀論的な不信に苦しんでもいたのだ。

『新世紀エヴァンゲリオン』はその系譜も考慮しなければ説明できないだろう。陰謀論的なニヒリズムもまた、『エヴァンゲリオン』の主要成分だったのだから。具体的には、ネルフという軍隊組織そしてエヴァンゲリオンに乗った（合体した）少年少女たちと、「使徒」と呼ばれるシュールな謎の生命体たちとの戦いは、ゼーレという秘密結社的な組織の、そしてさらにはそれを利用した主人公碇《いかり》シンジの父、碇ゲンドウの個人的野心のための、マッチポンプ的な戦いであることが明らかになっていく。

主人公の戦いはひたすら「無意味」に蝕まれる。同時に碇ゲンドウが目指すのは、人類が個性を失って一体化し、したがって「意味」を担う自我を失った、全にして無であるような状態へと還っていく「人類補完計画」であるが、それはどうやらひたすら個人的な（公共的ではない）動機に支えられたものである。

「ウルトラマン」的な系譜にあると思っていた官僚制度（ネルフ）が陰謀論的な権力に蝕まれ、その権力はニヒリスティックにすべての価値と意味を否定する勢力であったことが明らかになる。かくして、『新世紀エヴァンゲリオン』は「ウルトラマン」と「仮面ライダー」の両方の系譜が合流したものであることが分かる。

『シン・エヴァンゲリオン劇場版』とニヒリズムの超克

さて、先ほど途中で引き返した『シン・エヴァンゲリオン劇場版』と『さよならジュピター』に戻ろう。『シン・エヴァ』は前節で述べたような『エヴァンゲリオン』の袋小路に最後の風穴を開け、この系譜に終止符を打った。その方法は、「第3村」と、地球環境の「方舟《はこぶね》」である。

つまり、『シン・エヴァ』では、残された人類が細々と暮らす、戦後の焼け跡と東日本大震災の後の避難所をかけ合わせたような村が設定され、そこではシンジのかつての友人たちが大人になって必死で人類を未来へとつなぐために暮らしを営んでいる（「第3村」という名称は再び『さよならジュピター』への参照である）。

この第3村は、「エヴァンゲリオン」シリーズだけではなく、日本のアニメや漫画の想像力そのものに対する一つの回答だった。その想像力とは、「ポストアポカリプス」的な想像力である。

これについては、芸術家の村上隆が二〇〇五年にアメリカで行った「リトルボーイ：爆発する日本のサブカルチャー・アート」展がみごとに要約した。[*4] この展覧会は、鉄腕アトム、ドラえもん、宇宙戦艦ヤマト、新世紀エヴァンゲリオン、岡本太郎などの想像力のベースに原子力と爆発のイメージがあることを指摘する。米文学者の三浦玲一《れいいち》はこの展覧会の意義を次のように要約している。

> 「爆発する日本のサブカルチャー・アート」と題されたこの展覧会で主要なものは、戦後日本のサブカルチャーの歴史のなかに変形され隠蔽された原爆の表象の反復を確認すること、そのことで、敗戦と原爆によって去勢された日本が「未成熟な国」としてのポストモダン・ジャパンを形成しているのだと論じること、そして、その「去

勢」を誠実に反映する「サブ」カルチャーこそを日本の現代アートと接続することで、日本の現代アートをグローバルな有意義なものとして提示することだった。「リトルボーイ」とはもちろん広島に落とされた原爆の名だが、ここでは、それによって「去勢」された「小さな少年としての日本」とのダブル・ミーニングになっている。[*5]

原爆を原体験とする日本のサブカルチャー。確かに多くのサブカルチャー作品はポストアポカリプス的な状況を設定しており、それは敗戦という「去勢」の状況でもある。ここまで論じた「ウルトラ」シリーズと「仮面ライダー」シリーズはそのような日本の「去勢」の状況に対応する二つの方法だったとも言えるだろう。有能な軍隊＝官僚組織によって「一人前」の国として国際秩序に参入したいという欲望と、その不可能性に蝕まれた自意識。

だがここまで見てきたように、そのような欲望は挫折し、そのような自意識は陰謀論的な感性へと拗れていった。それ自体、「ウルトラマン」から『エヴァンゲリオン』へと旅した庵野秀明のたどった道のりである。『シン・エヴァ』は、そのような道のりの果ての袋小路を乗り越えようとした。

第3村は、戦後のバラックと震災後の避難所のイメージを混ぜ合わせ、そこで必死で生活する成長した登場人物たちを配置することによって、「去勢を乗り越えて大人になることができない日本人（男性）」（それはいつまでも成長しない碇シンジらによって象徴される）の乗り越えを呼びかけた。それは、二一世紀的なニヒリズムだけでなく、戦後日本サブカルチャーのニヒリズム状況全体の超克を目指したのだ。

その一方で、『シン・エヴァ』で活躍する飛行戦艦AAA《スリーエー》ヴンダーが、じつは元々は地球上のさまざまな生物種を保存するための「ノアの方舟」的なものとして建造されていたことが明らかになり、最後の戦いではその役割を実際に果たす。環境問題もまた、今世紀に入って、そしてさらには東日本大震災によって新たな逼迫性《ひっぱくせい》を獲得した主題である。

第3村の人類と方舟によって保全される自然環境、これらが、シンジの最後の戦いに意味を持たせる。シンジの最後の戦いは、もはや陰謀論的でマッチポンプ的な、意味を奪われた戦いではない。「エヴァンゲリオン」シリーズの最後の最後に至って、シンジは社会的な目的のために戦う。これらによってシンジは無意味に蝕まれたポストモダン状況を乗り越える。それが成功しているかどうかはほぼ問題ではない。庵野秀明が、それを選択したことが重要なのである。

さて、このように、少なくとも庵野秀明が受け取ったウルトラ／仮面ライダーの系譜と正義／悪の不調、意味の喪失という事態は、『シン・エヴァ』によって解決を見た。だが、それはほぼ庵野秀明の個人的選択・決断という側面があるようにも思う。あるいは、庵野秀明とともに歩んできたある世代（私のような世代）の決断なのかもしれない。

実際、ポストアポカリプス的想像力という意味では、新海誠作品は、ここまで論じた「戦後日本の清算」といった問題系からは大きく逸脱している、もしくはそのような問題系は最初から存在せず、存在するのは東日本大震災後の、デフォルトとして縮小し続ける日本という前提であるように感じられる。

『すずめの戸締まり』（二〇二二年）はまさにそのような感性の集大成だろう。宮崎から岩手までの一種のロードムービーであるこの映画は、日本列島を人口減少によって過疎化した廃墟として表象していく。

はたまた諫山創《いさやまはじめ》の漫画作品『進撃の巨人』（二〇〇九〜二一年）はどうだろうか。この作品は一見、『はだしのゲン』を彷彿とさせる、つまり原爆を彷彿とさせるアポカリプスから出発し、「巨人」が外敵かと思えば自己であり、国造りの神話的な存在であること、しかもそこには歴史修正主義的な陰謀も絡むことなどから、ここまで論じた「ウルトラ」シリーズ、「仮面ライダー」シリーズ、そして『エヴァンゲリオン』と通底する要素を持ちつつ、確実に新時代の何かに触れている感覚がある。私はその何かとは日本のグローバリゼーションへの晒《さら》されを既定事実とみなすような歴史観・地政学観ではないかと思っているが、これについては別の機会に論ずるしかない。

さて、そのような新たな感性がヒーローものにどのように受容されるのかは、これからの話である。肝心のウルトラマンと仮面ライダーはどうなっただろうか。私はとりわけ、二一世紀における仮面ライダーの行方が、私が問題にすると宣言した資本主義とジェンダーと正義／悪との関係を物語っていると考えている。その点を考察していこう。

第九章　デスゲームと「市場」という正義、そしてケアの倫理へ

『仮面ライダー龍騎』における、デスゲームと市場という正義

第七章で述べたように、『仮面ライダー』は正義ではなく自由の物語であった。この「自由」というものが、「仮面ライダー」シリーズの系譜、つまり超越的な正義が失われた世界での陰謀論とポストトゥルースを基調とした権力闘争の系譜においては非常に重要な精神となっている。

現代の自由の世界、つまり新自由主義の世界において「正義」はどう定義できるだろうか？　答えは、市場である。正義は市場にある。ただしこの論理は、単に「市場の競争を勝ち残ったものが正義だ」という以上に、私たちの道徳観や社会の見方を深く染め上げている。私たちは市場の比喩を通さずにものを考えることがかなり難しくなっており、「正義」の観念もそこに巻きこまれている、と言った方がいいかもしれない。

「仮面ライダー」シリーズのうち、そのことをもっとも衝撃的な形で表現したのは、記念碑的シリーズとも言える『仮面ライダー龍騎《りゅうき》』である。『仮面ライダー龍騎』は二〇〇二年から二〇〇三年まで放映された。本章では『龍騎』を中心に、二〇〇〇年代以降の日本におけるヒーローと正義の行方を考えていきたい。そこでは新自由主義的な「市場」の正

義と男性性の問題が絡み合い、それと格闘する主人公の姿が浮き彫りになるだろう。

驚くべきことに、『龍騎』は「仮面ライダー」が正義の物語であることを明確に否定するのみならず、一三人の仮面ライダーの殺し合いの物語となっている。

主人公の城戸真司《きどしんじ》はネットニュース配信会社の「ＯＲＥジャーナル」に勤める見習いの若者。原因不明の失踪事件を調査していて偶然に拾ったカードデッキによって、「仮面ライダー龍騎」に変身し、鏡やガラスなど反射する平面の向こう側のミラーワールドで、モンスターたちと戦うことになる。

ところが、彼が戦うべき相手はモンスターだけではなく、ほかのライダーたちであることも明らかになる。真司は「仮面ライダーナイト」の秋山蓮《れん》、そして兄の神崎士郎《かんざきしろう》の行方を探して蓮と行動を共にする神崎優衣《ゆい》と出会う。真司と蓮は反発し合いながらも友情を育んでいく。真司は、ライダー同士は戦わなければならないという命令に反発し、戦わないで済む方法を探る一方で、蓮は戦いを肯定する（が、結局は真司を倒すことはしない、ちょっとツンデレ的な人物である）。

やがて明らかになるのは、このライダー同士の殺し合いを仕組んだのは優衣の兄の士郎であったということだ。士郎はライダーに変身する技術を開発し、自らはミラーワールドの存在となってこの世界では死亡したことになっている。

ライダーたちは、それぞれの「望み」を持ってバトルに参加している。そして、最後に生き残ったライダーが自分の望みを叶《かな》えることができる。例えば蓮は、士郎の実験台となって意識不明となった恋人の小川恵里《えり》の意識を取り戻すために戦っている。

真司はそのようなライダーたちの中でも例外的な存在で、自分で叶えたい望みがあるわけではない。しかし戦わなければならない。それが彼の苦悩の源となる。このバトルの原則は、最終回の、真司の上司である大久保のナレーションによって明確に語られている。曰く、「この戦いに、正義はない。そこにあるのは純粋な願いだけである」。

このナレーションに表現されているように、『龍騎』は超越的な正義の否定という点では第七章で見た「仮面ライダー」シリーズの延長線上にある。だが、この作品はそれをさらに押し進めて、仮面ライダーの行動原理をそれぞれの個人の「願い」＝欲望に還元してしまう。それは、完全に利己的な動機でありうるのだ。

しかも、『龍騎』においては、原則的には誰でも、カードデッキを手にしてミラーモンスターとの「契約」をすればライダー＝デスゲームのプレイヤーになることができてしまう。悪役のライダーも登場するが、それは正義の正しさを際立たせるための悪ではない。

所詮存在するのは個人の欲望であって、客観的な正義など存在しないという功利主義を確認するための存在である。

ゼロサムゲームと「平らな競技場」

さて、なぜ『龍騎』はライダー同士の殺し合い／デスゲームのモチーフを採用したのだろうか。私はこの作品が、「正義」は存在しない、あるのは競争だけだという「単なる」ニヒリズムに基づいているわけではないものとして読む努力を、まずはしてみたい。そこには、「正義」なき時代にそれでもなお正義を、もしくはそれに相当するものを探し求める衝動があったのではないか。そのように問題を設定しない限り、物語に込められた願望を捉え損ねてしまうだろう。

そして、『龍騎』の意味を理解するためには、「仮面ライダー」シリーズやさらにはヒーローものだけを見るのではなく、デスゲームものというジャンルの歴史的意味を考える必要があるだろう。

デスゲームものは映画、アニメ、ドラマ、漫画、小説などのジャンルを横断する形で、二〇〇〇年代以降に隆盛して現在に至っている。その嚆矢《こうし》となったのは、深作欣二《きんじ》監督が映画化した『バトル・ロワイアル』（二〇〇〇年）である。

この映画の中の日本では、少年犯罪が増加の一途をたどり、学校や社会が崩壊の寸前に至っている。そこで大人たちは「新世紀教育改革法（BR法）」という法律を作り、全国の中学三年のクラスから一クラスを選んで無人島で殺し合いをさせ、それをメディアイベントとして報道し、恐怖による支配を確立しようとする。

この荒唐無稽な物語は、ほとんど社会問題となりつつ、その後「バトルロイヤルもの」もしくは「デスゲームもの」という一大ジャンルを形成するほどの影響力を持った。枚挙にいとまがないが、ごく一部を挙げるなら漫画からアニメ化、実写化もされた『GANTZ』（二〇〇〇～一三年）、二〇一〇～一六年の漫画が最近Netflixでドラマ化（二〇二〇／二〇二二年）されている『今際《いまわ》の国のアリス』、二〇一四年に実写化された漫画『神さまの言うとおり』（二〇一一～一二年、弐は二〇一三～一七年）、韓国制作のNetflixドラマ『イカゲーム』（二〇二一年）などがある。

そして、このジャンルは『バトル・ロワイアル』で突然に生じたわけではなく、主人公が不条理な戦いに巻きこまれ、場合によっては友人を殺すことを強いられるといった道具立ての点では、『新世紀エヴァンゲリオン』がやはり重要な先行作品として挙げられるべきだろう。

そのように、一九九〇年代に準備されて二〇〇〇年以降に花開いたデスゲームというジャンルの背景を説明するのは、まずは非常に簡単であろう。それは、新自由主義的な競争社会である。そして、新自由主義のイデオロギーの核心部分を一言で言うならば、それは「ゼロサム的な社会のイメージ」ということになるだろう。

ゼロサムというのは、誰かが何かを得れば、ほかの誰かが必ずその何かを失うという考え方である。これは個人の水準だけの話ではない。新自由主義の政策の基本は、「小さな政府」である。先行する福祉国家のように、「大きな政府」が産業を支え、福祉を与えるようなことはもはやなく、政府は自由市場の働きにできるだけ介入しないことが求められる。

その背景にある考え方、もしくは感情は、資源は限られており、福祉国家的な政府がそれを不当に独占してきた、というものである。それゆえに、政府はそれらの資源を手放して市場に開放しなければならない。そうしないと不公平である。――かくして、ゼロサム的な考え方は、個人の競争の原理というだけではなく、私たちの社会における公平・公正の原理を支配することにもなる。そのような社会をイメージするときによく使われる言葉は、「平らな競技場（level playing field）」というものだ。現代における公平や公正は、競争の条件の平等のことなのである。

ただしつけ加えておくと、それは単なるイメージである。実際に競争の条件が平等であり、競技場が平らであることはない。

例えば最近は「親ガチャ」なる不穏な言葉がある。私たちは親を選んで生まれることはできない。そしてその親は一定の社会階級に属しており、金銭的な資本だけでなく、文化資本や社会関係資本を持っていたり持っていなかったりする。どのような親のもとに生まれたかによって、私たちの人生は大きく左右される。そのような偶然性を表現する言葉が「親ガチャ」である。おそらくこのような言葉が注目されているのは、新自由主義社会が公平な競争社会などではなく、ひどい階級社会となっていることへの意識が高まっているためであろう。

また、ゼロサム的な社会観が覆い隠すのは、「資源は限られてはいないかもしれない」という事実である。いや、もちろん、地球環境が有限であるといった意味では限られているのだが、例えばある種の福祉に割く国家予算はない、したがってそれは個人の「自助」で行われなければならない、といったレトリックが使われるにあたっては、本当に予算はないのか、ということが問われるべきである。とりわけ新自由主義的なレトリックにおいては、予算がないこと、資源が限られていることが疑いようのない前提となりがちである。そして、その前提によってゼロサム的な、椅子取りゲーム的な競争原理が肯定されるのだ。また同時に、新自由主義的な公平・平等の観念こそが現在においては差別的な言動に結びついてしまっていることも指摘しておく必要がある。

ここで言っているのは例えばミソジニーや人種差別であるが、アファーマティヴ・アクションやポジティヴ・アクションに対する反動がその典型例だ。例えば大学入試で女性枠を設けることに対して出てくる反発の感情の根拠は、それがまさに「平らな競技場」を毀損している、というものだ。だがもちろんその感情が見落としているのは、そもそもこの社会が女性差別的であり、競技場はそもそも平らではなかったということであり、アファーマティヴ・アクションが是正しようとしているのはそのような不平等にほかならない、ということである。

ところが、新自由主義のイデオロギー作用はそのような不平等は覆い隠した上で、純然たる条件の平等を想定させる。つまり、私たちは誰かが得れば誰かが失うような「公平」なゼロサム社会に生きていると、そのイデオロギーは私たちに思いこませているのだ。そして、政府なり法なりが競争のための条件に介入するのは不公平であると思いこませている。

企業ヒーローの意味

この文脈で、とりわけ近年の日本のヒーローものに見られる一つの設定が説明できる。それは、企業の事業としての、職業としてのヒーローという設定である。企業ヒーローものとでも呼べばいいだろうか。

めぼしいものを列挙しておくと、漫画では前掲の『僕のヒーローアカデミア』(二〇一四年〜)、島本和彦『ヒーローカンパニー』(二〇一一〜一六年、未完)、岩田雪花《せっか》原作・青木裕《ゆう》作画の『株式会社マジルミエ』(二〇二一年〜)、アニメでは『TIGER & BUNNY』(二〇一一年、2は二〇二二年)、ドラマでは海外作品であるが前半でたびたび触れた「ザ・ボーイズ」シリーズ(二〇一九年〜、現在シーズン3)がある。いずれもヒーローが会社組織によって運営される職業として描かれる。

ほとんど一つのジャンルになりつつあるこの設定の意味は二つあるだろう。一つはそこには確実に前二章で見たような「官僚組織への信」への欲望があるということだ。しかし、新自由主義の現在において、政府やそれに準ずる公的機関にヒーローのバックアップをさせることは説得力を失っている。であるから、その代わりに「私企業」という組織を持ってくるのだ。

とりわけ『株式会社マジルミエ』は企業は企業でもベンチャー企業という設定であり、旧来的な大企業（日本的福祉国家の母体と言える）との対照関係に置かれたポストフォーディズム的なヒーロー企業という設定が面白い[*1]（もちろんここでは、第二章で論じた『アイアンマン』を想起していただきたい）。

企業ヒーローものの、もう一つの意味は、「正義」にまつわるものである。簡単に言えば、超越的な正義が失われたところに、このジャンルは「市場」という正義を置く。この作品群において特徴的なのは、ヒーローの活動がメディアで報じられ、それが大衆の支持を得る（場合によっては得ない）という構図である。そこでは、メディアにおける人気という「市場」で彼ら／彼女らの活動が正当化されるのである。

さて、『仮面ライダー龍騎』に戻ろう。主人公の真司はまさにこのゼロサム社会に参入するかどうかについて最後まで苦悩し続けるのである。物語も大団円に近い第四六話にはこのようなやりとりがある。

真司　分かんないんだよ。優衣ちゃんは助けたいけど、そのためにほかの人間を犠牲にするなんて、人を傷つけるなんてさ。どうしても……どっちが正しいのか分からない。

蓮　お前は今までずっとそうやって迷ってきた。それで……誰か一人でも救えたのか？　俺は恵里のために戦うことに決めた。

このやりとりには少し説明が必要だろう。シリーズの後半において、仮面ライダーたちのデスゲームの本当の目的が明らかになっていく。じつは、この作品の「ヒロイン」の優衣は子供のころに親に受けた虐待ですでに死んでいた。今この世界にいる優衣はミラーワールドからやってきた優衣であり、彼女は二十歳《はたち》の誕生日に「消える」ことが定められている。士郎は優衣を二十歳を越えて生きのびさせるために、膨大な生命エネルギーを手に入れるためのシステムとしてライダーバトルを生み出したのである。

真司はそのことを知って、優衣を助けるためならそれまで拒否していたライダーバトルに参戦しようと決意するものの、結局は右記の台詞にあるように、優衣とほかのライダーの命を天秤《てんびん》にかけることができずに苦悩する。

私は『仮面ライダー龍騎』のデスゲームそのものは新自由主義的な社会におけるゼロサムのイデオロギーを推進するものだと考えているが、この真司の苦悩とその後の結末には可能性を見出したい。そして、この苦悩を評価するためには、二つの絡まり合った論点を導入する必要がある。一つはデスゲームの、すなわちゼロサムゲームのジェンダーの問題と、ケアの倫理である。

デスゲームのジェンダー、そしてケアの倫理

『仮面ライダー龍騎』を中心とする「平成ライダー」は、正義の(不)可能性の問題と同時に、男性性(男らしさ)の問題も探究していた。

それはキャラクターの水準でも言える。かつて藤岡弘(現・藤岡弘、)が演じた男くさい本郷猛と比較すると、平成・令和のライダーたちは男性性についてさまざまな試行錯誤をしているように見える。

例えばここで論じている『龍騎』に先行する平成ライダーを見ても、一作目『仮面ライダークウガ』の五代雄介《ごだいゆうすけ》は楽天的で飄々《ひょうひょう》とした性格を特徴としており、その後の新しい

ライダーたちの男性性のトーンを決定したと言ってもいいだろう。続く第二作の『仮面ライダーアギト』の主人公である津上翔一《つがみしょういち》は、料理をはじめとする家事一般が非常に得意なキャラクターである。

そして『龍騎』の真司もまた、楽天的な「おバカ」のキャラクターである。おバカとはいっても有害なバカではない。このようなキャラクターが設定されたのは、確実に、昭和的な男性性では、新たな「仮面ライダー」の主人公として説得力を持ちえなくなったということだろう。

キャラクターの性格づけの問題と、前節で述べたようなゼロサムゲームの闘争に参加することへの逡巡《しゅんじゅん》は深い水準でつながっていると見るべきだろう。そして、そのつながりを考えるにあたっては、「ケアの倫理」という概念を導入すると見えるものが多いと私は考えている。

ケアの倫理とは、発達心理学者のキャロル・ギリガンが『もうひとつの声で』[*2]で提唱した概念である。ギリガンは、従来の発達心理学では男児の心理発達が規範的な「発達」だとされて、その枠組みの中では女児の発達が非標準的なものとされたこと、つまり女児は発達が「遅れている」とみなされがちだったことに対して反論をしている。前者の男性中心的な発達の理論が副題にある「心理学の理論」であるなら、そこからこぼれ落ちる女児の発達の枠組みが「ケアの倫理」である。

ギリガンはこの心理学の理論とケアの倫理の対照を示すのに、非常に興味深い事例を提示している。それは一一歳のジェイクという男の子とエイミーという女の子に課せられた「ハインツのジレンマ」というテストである。ハインツのジレンマというのは、ハインツという男の妻が重病にかかっているが、彼には薬を買うお金がない。妻を救うためには薬を盗むしかないのだが、ハインツは薬を盗むべきか、という質問を軸とする心理発達の計測法である。

この質問に対して、ジェイクは最初からはっきりとハインツは薬を盗むべきだと答えたという。その根拠を問われたジェイクは、人間の命はお金よりも価値があるからだと述べる。それに対してエイミーは非常に曖昧にも聞こえる論拠で、ハインツは盗みをするべきではないと答える。引用するなら次の通りだ。

うーん。ハインツが盗むべきだとは思いません。盗む以外の方法もあるかもしれないと思います。たとえば、お金を人に借りるとか、ローンを組むとか。でも、とにかく本当に薬を盗むべきではないと思います。でも、ハインツの妻も死ぬべきだとは思いません。[*3]

読者は、ジェイクの回答は合理的であり、エイミーの回答は理にかなっていないと感じるかもしれない。実際、ギリガンが批判する発達心理学の枠組みでは、ジェイクは発達しており、エイミーは心理的発達が不十分だと捉えられてしまう。

だが、ギリガンに言わせれば、ハインツのジレンマという心理発達の計測のための仮設的な条件そのものが、「心理学の理論」に偏ったものであり、エイミーの「ケアの倫理」を捉えそこなっているのである。エイミーは薬を盗むべきでない理由をさらに問われて、法的な問題を検討したりするジェイクとは違って、ハインツと妻との間の継続的な相互関係を問題とする（盗みで投獄されたら結局は薬を届けられず、妻のケアもできない、など）。

エイミーの態度に発達の遅れしか見出せない従来の心理学の枠組みでは、ある別の種類の「発達」が捉えられないということだ。それは、現実的な人間関係を重視して、それを調整することに注力するような別の種類の「発達」である。ギリガンの本のタイトルにある「もうひとつの声（別の声）」とはそういうことだ。

さて、私がこの「ケアの倫理」についてのエピソードを持ち出しているのは、ギリガンの言う「心理学の理論」と「ケアの倫理」がまさに、ゼロサム的な社会観とそれに参入することをめぐる逡巡の対立に一致しているからである。

ジェイクはじつは、ゼロサム的な社会にみごとに適応した子供である。彼は、妻の命と、法を遵守して薬を盗まないこととの間にゼロサム的な対立を見出している（というより、質問の前提がそのようになっているのを受け容れている）。

それに対してエイミーはそのようなゼロサム的な二律背反の前提そのものを疑う。疑うというより、そのような前提をそもそも受け容れていない。さらに言えば、彼女は質問が設定している以上の資源が存在する可能性を追求してさえいる（借金やローンなど）。

私はジェイクとエイミーのこのエピソード、すなわち「心理学の理論」と「ケアの倫理」の対立は、ジェンダーの対立であるだけでなく、新自由主義的な市場の論理、ゼロサムの論理への適応の有無という対立でもあることを表現しているのではないかと考えている。

私が言わんとしていることを理解していただくためには、前節の最後の方で引用した『龍騎』における真司の逡巡の言葉と、先ほど引用したエイミーの言葉を比較していただければいいだろう。二人とも、自分たちに課されたゼロサムの、あれかこれかの選択肢そのものが自分の他者との関係性における倫理と矛盾していることに苦悩する。

そしてここでは、ゼロサム的な新自由主義の論理と、男性的なジェンダーが同時に逸脱されている。

『仮面ライダー龍騎』は放映当時、子供向け番組としてはあまりにも陰鬱であるために批判された。その批判はある意味では正しかった。『龍騎』は新自由主義的な競争社会の論理とそれがもたらすジレンマ・苦悩を登場人物たちに課すし、作品そのものがそのような社会のゼロサム的な論理を肯定するものに、基本的にはなっている。

しかし、真司の抵抗と逡巡は字義通りに捉えられるべきだろう。私は『仮面ライダー龍騎』が最終的に、「悪」に対立する「正義」ではなく「ケアの倫理」を示してみせたことに一縷《いちる》の希望を見出したい。それは、現代の資本主義の精神と男性的ジェンダーの桎梏《しっこく》を同時に乗り越える道を指し示しているのだ。

第十章　ポストフェミニズムと新たな「ヒーロー」

『ふたりはプリキュア』という革命

『仮面ライダー龍騎』は新自由主義の市場の論理に深く沈潜してその論理を純化させ、まさにそうすることによってこそ「ケアの倫理」による抵抗を行いえた。これは、そもそも超越的な正義を否定して陰謀論的な世界観の中で、それでもなお戦う理由を探究してきた「仮面ライダー」シリーズそのものに提示された、ある種の結論だったとも言えるだろう。

だが、ここまで語ってきた「ウルトラ」シリーズから「仮面ライダー」シリーズへの物語は、じつのところ日本のヒーローものをめぐる物語の半面にすぎない。とりわけ本書が多様性と「正義」の行方を主題としてきたことを考えると、二一世紀日本には欠かしてはならない作品がある。それは、「プリキュア」シリーズである。

「プリキュア」シリーズは、「スーパー戦隊」シリーズ、そして「仮面ライダー」シリーズとともに、長らくいわゆる「ニチアサ」の枠で放映されてきた。つまり、テレビ朝日系列の日曜朝の子供向け番組の時間帯である。

そして、シリーズの第一作『ふたりはプリキュア』が、陰鬱な『仮面ライダー龍騎』終了の次の年、つまり二〇〇四年に放映されたというのは象徴的だろう。何を象徴するのかと言えば、『龍騎』に見られたように苦悩する男性性とは対照的な、ポストフェミニズム的な女性性の象徴である。

じつのところ、多様性と「正義」の行方を論じてきた本書にとっては、「プリキュア」シリーズこその本道である。「プリキュア」シリーズはまさに「多様性」を意識的に追究してきた作品なのであるから。

まず、第一作『ふたりはプリキュア』からして、女児向けの変身ヒーローものとしては革命的だった。「女の子だって暴れたい」をコンセプトの一つとしたこの作品は、キュアブラックとキュアホワイトの二人を主人公とし、名前の通り黒と白を基調とする変身衣装がまずは革新的だった。とりわけ、フェミニンなホワイトの衣装に対して、ショートパンツをはいた格闘向けのブラックの衣装は、その後はカラフルでフェミニンな衣装を基調とするようになるシリーズ全体の中でも異色である。

そして戦闘シーンにおいては、かなりの迫力のある肉弾戦が描かれた。これは、同ジャンルの先行作品である『美少女戦士セーラームーン』（基本的には拳ではなく魔法の技で戦う）と比較しても特筆すべきであった。

『ふたりはプリキュア』は、主人公二人の設定についても、キュアブラックの美墨《みすみ》なぎさはラクロス部のエースでボーイッシュな見た目、キュアホワイトの雪城《ゆきしろ》ほのかは科学部で科学実験に没頭するなど、ジェンダー・ステレオタイプを逸脱することが明確に意識された。

その後のシリーズも、「多様性」がキーワードであり続けた。「プリキュア」シリーズは毎作品においてそれぞれのモチーフが設定されているが、二〇一八～一九年の『HUGっと！プリキュア』は育児と仕事をモチーフにして、明確に現代のジェンダー分業を問いなおす作品であったし、この作品では男の子がプリキュアに変身したことで話題となった。

続く二〇一九～二〇年の『スター☆トゥインクルプリキュア』では、メキシコ人と日本人の親を持つキャラクター、学校に行かないキャラクター、そして宇宙人がプリキュアとなった。

そして、二〇二三年放映開始の『ひろがるスカイ！プリキュア』は、「ヒーロー」がテーマに選ばれ、主人公は異世界出身で変身衣装がこれまでピンクが主体であったのをブルーに、そして一二歳の少年と一八歳の成人女性もプリキュアになるという新機軸が打ち出された。

制作のＡＢＣアニメーションの田中昂《あきら》プロデューサーは、この「ヒーロー」というテーマを「変身ヒロイン」とは別のものとして捉えている。曰く「プリキュアシリーズは「変身ヒロイン」という言葉で表現されることもありますが、今回、私たちはあえて「ヒーロー」をテーマに選びました。『ふたりはプリキュア』からスタートしたプリキュアシリーズも20作目。多様に進化しながら、広がっていくプリキュアの歴史の中で変わらずに描き続けてきたこと、それは困難な道を自らの手で切り開き、先頭に立ってみんなを勇気づけてきた彼女たちの姿です。その姿を「ヒロイン」から「ヒーロー」として改めて捉え直したい、そういう思いでこのテーマを選びました」ということである。[*1]

つまり、ここで言う「ヒーロー」とは必ずしも男性のことではなく、「ヒロイン」とは違ってジェンダー・ニュートラルな概念なのであろうと推測される。それにしても、ヒーローとはなれないことに苦悩し、戦う理由が見つからず苦しむ仮面ライダーたちと同じ「ニチアサ」の枠で、スカッと高らかに「ヒーロー」を宣言するプリキュアという対照は印象的と言うほかない。

このように、「多様性」を明確に目指してきた「プリキュア」シリーズは、それゆえに称賛されてきた。「プリキュア」シリーズのベースにある、非常に爽快でリベラルな価値観は、陰鬱で場合によっては陰謀論的でさえある「仮面ライダー」シリーズとは好対照をなしている。物語のクライマックスについても、「プリキュア」シリーズがもたらすある種のカタルシスは「仮面ライダー」シリーズには皆無と言ってよい。

私たちはこの対照をどう考えればよいのだろうか。私はここに、現代におけるジェンダーの問題の核心をなす分断を見ずにはいられない。つまり、本書の前半でアメリカのヒーローものにも見出してきたような、リベラルな多様性の価値観と、それには参入できない、そして場合によってはそれに反発さえするような「従属化」した男性性との間の分断の問題である。

この分断を解除するためにはどうすればいいのだろうか。それが私たちに突きつけられた難問である。

この難問に答えるための一つの方法は、「プリキュア」シリーズと「仮面ライダー」シリーズが、それらが共有するはずの社会的文脈にどう対応しているかを考えることである。つまり、前章で述べたような新自由主義的な「正義（の不在）」の問題に「プリキュア」シリーズがどう対応しているのかを考える必要がある。

『HUGっと!プリキュア』の「敵」

「プリキュア」は、「仮面ライダー」と比較しても、善と悪の問題についての悩みというものが少ない、というよりほぼ皆無のシリーズである。

「プリキュア」の悪役たちは、シリーズによってさまざまなバリエーションがありつつも、「世界征服」に類するおなじみの野望を持った領袖がおり、その手先によってこの世界の何らかの物体がモンスター化し、悪感情と暴力をふりまき、それとプリキュアが戦うという構図を基本としている。

例えば『ふたりはプリキュア』では悪の勢力ドツクゾーンとその領袖ジャアクキングが、「光の園」という異世界から七つのプリズムストーンを奪うことで、永遠の存在となろうとしている。プリキュアたちはそれと戦うのである。

このように分かりやすい善悪の構図を基本とする「プリキュア」であるが、悪の勢力の描かれ方には一つ興味深い特徴がある。それは、悪の組織がある種の旧来的な会社組織のように描かれるということである。

『ふたりはプリキュア』で言えば、ジャアクキングの手下たちは「ダークファイブ」と呼ばれるが、ジャアクキングと彼らの関係は、業績を上げられない部下にモラハラ的な圧力をかける上司とその下で苦しむ中間管理職のようで、観ていて辛《つら》くなる。あにはからんや、ダークファイブの一人のキリヤはプリキュアたちに触れて改心し、ジャアクキングとの最終決戦においては自らを犠牲にしながらプリキュアに協力する（最後の場面では彼が地球上に生まれ変わった可能性が示唆はされる）。

このような悪の組織の性質は、『HUGっと!プリキュア』においてはもっとはっきりと示されることになる。『HUGっと!』では、悪の組織は文字通りに「クライアス社」（＝「暗い明日」社）という企業なのである。手下たちは「係長」「課長」「部長」といった肩書を持つ「社員」であり、プリキュアと戦いに行くためには「稟議《りんぎ》」を通してハンコをもらう必要がある。モンスターたちはプリキュアに退治されると「辞めさせてもらいます」と言って消える。

これに対して、主人公の野乃《のの》はなのもとには空から赤ん坊が降ってきて、その世話をすることになるのだが、当初はワンオペ育児がうまくいかない。そんなはなは周囲を頼って助け合いの育児をしていく。また、プリキュアたちの家族も、「アップデート」された新しい形を持っている。はなの母はタウン誌のライターとして忙しく働いており、父は料理などの家事を進んでする人物である。またプリキュアの一人である薬師寺《やくしじ》さあやの父に至っては「主夫」である。

『HUGっと!』における育児というテーマは、決して保守的なものではない。つまり、それは旧来的なジェンダー役割としての育児を女性本来の仕事として描くものではない。むしろ、育児、つまりケア労働のテーマを意識的に導入することで多様な家族やジェンダー役割の新たな形を探究する作品となっている。

その中で、悪役の「クライアス社」が融通のきかない旧来的な会社組織として表象されていることは非常に示唆的だろう。つまり、ここにある構図とは、旧来的な日本型福祉国家を担った、ジェンダー役割という観点からは「古い価値観」に縛られた会社組織に対する、「リベラルにアップデート」された育児や家族の形をプロモートするプリキュアの戦いというものなのだ。

第七章で論じた通り、旧来的な官僚主義に対する新自由主義的な批判は、日本では旧来的な企業組織の批判という形を取りがちである。『踊る大捜査線』が、警察組織をあたかも会社組織であるかのように描いたことを思い出すとよい。

旧来的会社組織で働く悪役たちと、ケア労働をリベラル化・多様化した家族の中で行う主人公たち、という図式が、『HUGっと!』にはある。これを、多様性の推進という点だけで評価してよいのかどうか、この点を考える必要がありそうだ。

「プリキュア」のポストフェミニズム

私は、「プリキュア」シリーズのこういったモチーフに、フェミニズムと多様性の促進という側面だけではなく、「ポストフェミニズム」的な側面を見出したいと考えている。ここで言うポストフェミニズムとは、ある面ではフェミニズム的なのだけれども、決して現代的な新しい柔軟な資本主義（つまり新自由主義）とは矛盾しないようなフェミニズムのことである。

フェミニズムと言えば、二〇世紀前半までの参政権運動を中心とする第一波フェミニズム、一九六〇年代後半から八〇年代までの、私的な領域での権利の平等、生殖に関する権利、就労における平等などを訴えた第二波、その後九〇年代以降の第三波と現在の第四波といった整理をするのが普通である。しかし、第二波以降の状況においては、それまでのような権利獲得運動としてのフェミニズム以外に、ある状況としての「ポストフェミニズム」が生じたとされる。

ポストフェミニズムは「ポスト」フェミニズムであるがゆえに、それまで（第二波まで）

のフェミニズムの役割はもう終わったという考え方を基礎にしている。それまでのフェミニズム、というのはどういうことかと言えば、集団的な政治運動としてのフェミニズムということだ。そうではなく、必要なのは、新たな、女性にも開放された労働市場の中で個人が自己実現をしていくことなのである。

だが問題は、そのような女性の「解放」が排除をともなっていることだ。

例えば、元フェイスブックCOOのシェリル・サンドバーグがその著書『LEAN IN（リーン・イン）』[*2]で、女性たちが勇気を持って一歩を踏み出し（リーン・インとはそういう意味である）、リーダーとなることを呼びかけ、その上で自分はフェミニストだと宣言する際には、例えば非正規労働者の女性たちはそのフェミニズムから排除されている。

つまり、ポストフェミニズムはフェミニズムがいらないと言っているわけではない。むしろ大いにフェミニズムが語られるのだが、その場合のフェミニズムの主体は、個人の力で自己の内面に革命を起こし、「ガラスの天井」を打ち破っていく能力を持った主体である。

これは、本書で多文化主義について述べてきたことと通底する。多様性が平等や公正をもたらすことは確かだとしても、それはそれが現代的な資本主義に資する限りにおいて、という条件のもとで、そのようなものたりえているということである。

「プリキュア」が多様性を善きものとして促進するにあたって、旧来的会社組織をその陰画の悪とみなすことは、まさにこのシリーズのポストフェミニズム性を表現しているだろう。

新自由主義が自らの革新性と正当性を主張する際の紋切り型は、先行する福祉国家の制度を非効率で無能なものとして表現することなのだが、ポストフェミニズムと新自由主義の論理が多くの部分で重なるとすれば、旧来的会社組織（日本的福祉国家＝護送船団方式の中心）を批判する「プリキュア」はポストフェミニズム的な作品だということになる。

これは、「プリキュア」シリーズがジェンダー・ステレオタイプや固定化したジェンダー役割を否定しながら、同時に女性性は保存するというある種の曲芸を成し遂げていることとも深い関係にある。

「プリキュア」がジェンダー・ステレオタイプを批判していることはここまで述べた通りである。だが同時に、単純な話、プリキュアは「かわいい」（プリキュアという名称は pretty cure から来ている）。プリキュアに変身する主人公の基本は「ふつうの」中学生である。彼女たちは変身して戦闘力を高めるのだが、それと同時に確実に女性性も高めている。つまり、より美しく、かわいくなっている。

『HUGっと!』における育児のテーマについても同じことが言えるだろう。すでに述べた通り、『HUGっと!』の育児のテーマは決して、旧来的なジェンダー役割としての育児を少女たちに押しつけるものではない。そうではなく、新しい家族と育児の形を提示するものであるし、育児に「参加」する新しい男性のあり方も提示するものだ。

だが、それをしつつ、やはりその新しい育児を主人公たちが学ぶ物語にも、『HUGっと!』は確実になっている。

これはつまり、ポストフェミニズム下におけるミドルクラス女性の理想像として提示される、「すべてを手に入れた(have-it-all)」女性像なのである。これについては、ポストフェミニズムについての議論を続けてきたイギリスの文化研究者アンジェラ・マクロビーの著作[*3]を参照していただきたいが、現代的なフェミニズムによって「解放」された女性たちは、仕事と育児、家事をすべて問題なくこなしつつ、さらには美容も保つ、つまり「すべてを手に入れる」ことへの命令に苦しんでいる。

これは、女性的なジェンダー役割からの解放であるどころか、さらに苛烈な女性性の檻《おり》への囲いこみである。

『HUGっと！』の主人公はなは、その登場の時点から「がんばれ、がんばれ、私！　フレー、フレー、私！」とあくまで機嫌よくポジティヴに自分を応援し、鼓舞し続ける。これは、彼女のキャラクター（キュアエール）のテーマが「応援」のためでもあるのだが、このような機嫌のよさ、ポジティヴさそのものが、ポストフェミニズムにおいては解放された女性が手に入れるべき「すべて」のうちの一要素なのである。*4

率直に言って、はなのそのようなポジティヴさには息苦しさを感じないではいられない。彼女は、そして「プリキュア」を観る女の子たちは、もっと「ダメ」な女性であることも許されていいのではないか、そう感じるのだ。

以上のように、平成の「仮面ライダー」シリーズと「プリキュア」シリーズは、まったく異質なヒーロー物語であるように見えながら、新自由主義的／ポストフェミニズム的な社会を共有し、それを別の形で表現しているようだ。

前者では従属化した男性性（正義のヒーローたりえない男性性）の悩みと、デスゲームへの参加による「市場の正義」の肯定が（それへの抵抗とともに）描かれ、その一方で後者のキラキラとしたエンパワリングな女性像も、ポストフェミニズムという観点からすれば新たな資本主義の規範への取りこみとみなすことができる。

こういった状況を乗り越えて新たなヒーローの物語はいかにして語ることができるのだろうか？　これが、私たちの立つ現在地である。私は必要以上に悲観的な結論に至ろうとしているのかもしれない。だが、現在地を確認することは次の一歩を踏み出すためには絶対に必要なことである。

最後に終章においては、その現在地を確認できるかもしれない二つの作品に触れておきたい。一つは庵野秀明監督の『シン・仮面ライダー』、そして藤本タツキの漫画『チェンソーマン』である。

終章　私たちの現在地

ニヒリズムを超えて

本書は多様性の時代における「正義」の行方、そしてその表現としてのヒーローについて問うてきたが、それを問うために多様性とヒーローものとの関係だけではなく、ヒーローものがどのような「型」を持っており、個々の作品がその「型」からどのような「技」をくり出しているのかを論じてきた。

「型」というものは、どのような歴史的スパンを設定するかによってその見え方が変わってくる。それこそホメロス以来のものとしてヒーローものを見るのか、第二次世界大戦後の冷戦体制から生まれたものとして見るのか、それとも二〇世紀後半の新自由主義の出現以降のものとして見るのか……歴史的なパースペクティヴによって、見えてくる風景と「型」のあり方、その歴史的要因は変化するだろう。

本書ではホメロスまでさかのぼることもしつつ、最終的には最新のパースペクティヴ、つまり新自由主義的な社会の出現とヒーロー、男性性との関係に力点を置いて論じてきた。そこでせり出してきたのは、超越的な正義の消滅とニヒリズムの問題だった。

私がさまざまな作品の読解に取り組みながら痛感したのは、アメリカの作品であれ日本の作品であれ、ヒーローものはそのようなニヒリズムから目をそらすことなく真摯に格闘してきたということだ。最後に、そのような格闘の、本書執筆時点での最新版を検討して結論に代えたい。

『シン・仮面ライダー』と宗教二世問題

二〇二三年、庵野秀明監督の『シン・仮面ライダー』が公開された。この作品は、オリジナルのシリーズだけではなく石ノ森章太郎の原作へのリスペクトにあふれつつも現代的かつ庵野秀明らしいアレンジが加えられた作品で、公開直後の評価は少々割れたものの、私は後からじわじわと「来る」、忘れられない作品になったのではないかと感じている。

そのような印象と評価はともかく、『シン・仮面ライダー』は、どれくらい意識的かは分からないが、元総理大臣の安倍晋三銃撃殺害事件と、それによって明らかになった政権与党と旧統一教会との関係が社会を揺るがした日本の雰囲気を捉えたものになっていた。つまり、一言で言えば「宗教二世問題」が織りこまれていたのだ。

物語はオリジナルの『仮面ライダー』と同じく、ショッカーに改造された本郷猛がショッカーと戦うことを本体とする。さまざまに加えられたアレンジのうち、「ヒロイン」の緑川ルリ子の設定と性格の変更は物語の上でも鍵となっている。彼女は、オリジナルのシリーズとは違って、「戦闘美少女」化している。彼女は知識、技術力、戦闘力を備えて、意識的にショッカーとの戦いに身を投じている。このような女性像は、『新世紀エヴァンゲリオン』の女性たち、つまり葛城《かつらぎ》ミサトや赤木リツコといった戦う職業女性たちの系譜の上にあるだろう。

元々ショッカーは秘密結社なのだが、そのことには時代の方が不気味な形で追いついてきたと言える。つまり、一九九〇年代に私たちはオウム真理教の事件を経験し、そのことは『新世紀エヴァンゲリオン』の陰謀論的な構図と響き合った。そして、旧統一教会が国家の中枢（自民党）に浸透していたことが明らかになった今、宗教と陰謀論と正義の問題は再び新たな局面を迎えており、『シン・仮面ライダー』のような図式はそういった現実を想起させずにはいられない。

この作品ではショッカー（SHOCKER）は「Sustainable Happiness Organization with Computational Knowledge Embedded Remodeling（計算機知識を組みこんだ再造形による持続可能な幸福組織）」の略称だとされ、その目的は人類の支配ではなく、人類の幸福であることが、その名称にも示されている。そのようにして、宗教団体色が強められている。

実際、この作品に対する私の印象の一つは、「外側の現実世界にはほとんど何も起きていない」というものだった。すべてはショッカーと、ショッカーから離脱しようとする本郷猛や緑川ルリ子との間の内ゲバでしかない。政府のエージェントは登場するものの、竹野内豊と斎藤工《たくみ》という最近の庵野関連作品の常連俳優たちがサービスのように出てくるだけで、下手をすれば彼らが本当に政府の人間なのかを疑うことさえ可能である。

この作品はどこまでも、宗教二世たち（正確には二世なのかどうかも分からないが、とにかく生まれながらにして宗教に入信させられていた人たち）が信仰と宗教組織の軛《くびき》から逃れようともがく物語なのである。普遍的な正義の物語ではありえない。

結末は、志半ばにして倒れた緑川ルリ子と本郷猛の遺志を仮面ライダー二号の一文字隼《いちもんじはや》人《と》が受け継ぐという形になっているが、この結末は偽物の正義（宗教）を脱して、真の正義に彼が目覚めたものと言えるのだろうか。または、偽物の現実から脱して本当の現実に足を踏み出したものと説明できるのだろうか。

私にはどうもそうは思えない。一文字隼人はこの後、一体何と戦うのか。ひょっとすると彼らはずっと、政府機関の男たちの手のひらの上にいるのではないか。彼らはショッカーという宗教から脱して、別の宗教に入信しただけではないのか。そのような疑問が拭えない結末であった。

しかし、「仮面ライダー」とはそもそもそのような物語だった。そして、あえて断言すれば、ポストトゥルースの現在をいかに生きていくかという教訓を、この作品は授けてくれているのだ。これは、第三章で「マトリックス」シリーズについて述べたことと同じである。「本当の現実」に目覚めるという物語をこそ、現在の私たちは警戒せねばならない。かといって、すべてはフェイクだという居直りに陥らずに、そのあわいでいかにして生きていくか。一文字隼人が続けていくと決心する「戦い」がそのような戦いであるのなら、私もその戦いには参加したいと感じる。

なお、庵野秀明監督は続編の構想を明らかにしており、そのタイトルは『シン・仮面ライダー　仮面の世界（マスカーワールド）』で、「日本政府がショッカーと同じレベルの人工知能・ブレインを開発して」「ショッカーに入った政治家や官僚がいろいろやろうとする。それと戦う一文字隼人を描く」ものになるそうである。まさに、マスク／フェイクの陰謀論的世界をいかに生きるか、というテーマが追究されるらしいのだ。[*1]

『チェンソーマン』と弱者男性の生きる道

正義なき世界を、フェイクに居直らず、かといって身勝手な「真実」に目覚めたり、新自由主義が与える「公平性」の幻想に心身を取りこまれたりすることなく、善良に（少なくとも自分にも他者にも害をなすことなく）生きていくにはどうするか。現代のヒーローものに求められるのは、そのようなある種「地味」な使命であるのかもしれない。

そのような地味な使命を遂行しようとした作品が、藤本タツキの漫画『チェンソーマン』である。『チェンソーマン』は「ヒーローもの」なのか、と思われるかもしれない。だが、この作品はこの上なく明確に自らの属するジャンルを宣言しているだろう。チェンソー「マン」というそのタイトルによって。

実際、『チェンソーマン』は異生命体の憑依《ひょうい》によって主人公が力を得るという意味では『ウルトラマン』の伝統を受け継いだ本道の作品だと言える。ただし、『チェンソーマン』は『ウルトラマン』の単なるパロディやオマージュとして片づけられるものではない。そもそも表面上も、チェンソーマンの変身はウルトラマンとはかなり違う。

むしろ、主人公がある種の改造人間になっているという意味で仮面ライダー的である。この作品は『ウルトラマン』から重要な形で逸脱もしているし、『ウルトラマン』以外のヒーロー作品の系譜との緊張関係のもとにもある。

『チェンソーマン』は本書執筆時点で連載が継続中である。単行本の第一一巻で第一部の「公安編」が完結し、現在は第二部「学園編」が連載中だ。ここでは便宜上、第一部「公安編」だけを対象とする。

『チェンソーマン』の世界には、人間以外に「悪魔」と言われる存在がいる。悪魔とは(日本の八百万《やおよろず》の神のように)「……の悪魔」という形で、何らかのモノや概念が実体化された存在である。悪魔たちは人間の恐怖によって強大化し、人間の血をすすることで力を維持したり身体の欠損を回復したりする。悪魔が人間の死体に憑依すると「魔人」と呼ばれる存在になる。

ランダムに出現する悪魔を退治する職業が「デビルハンター」である。デビルハンターには「民間」のデビルハンターと、「公安」と呼ばれる公務員のデビルハンターがいる。後者は民間では処理できない危険な悪魔を相手にするため、殉職率が非常に高い。

主人公の少年デンジは、父の借金を返すために臓器を売ったあげくに、相棒の「チェンソーの悪魔」であるポチタとともにデビルハンターをしている(悪魔の中には人間に対して友好的な者もいる。また、デビルハンターたちは悪魔と「契約」することでその力を——さまざまな代償を差し出しながら——借りて戦っている)。

ところが、デンジはヤクザに欺《だま》されて「ゾンビの悪魔」に殺されてしまう。その際に、ポチタがデンジの心臓となることを申し出て、デンジはチェンソーの悪魔に変身できる「チェンソーマン」として復活する。ゾンビの悪魔と戦った現場に出動した公安対魔特異4課のリーダーのマキマの申し出を受け容れて、デンジは公安のデビルハンターとなる。

以上が『チェンソーマン』の基本設定である。『チェンソーマン』は、日本のヒーローものの成立条件がすべて失われていった歴史的な袋小路において、それでもヒーローを仮構しようとした作品である。そのような逆説的な意味でこの作品には現在のヒーローの「すべて」が詰まっていると断言したくなる。

なぜなら、この物語は、「ヒーローからほど遠い人間がいかにしてヒーローになれるか」という疑問をじつのところ非常に真摯に問うているからである。「ふつう」の人間がヒーローへと覚醒するというのはヒーローものの常道ではある。だが、『チェンソーマン』は二一世紀の現在ならではの形で、その常道＝「型」を利用した「技」をくり出している。

最近のポピュラー文化の作品では、主人公がすべてを剝奪されたような状況からスタートする展開がほぼ定番になっている。『鬼滅《きめつ》の刃《やいば》』しかり、『呪術廻戦《かいせん》』しかり。『チェンソーマン』のデンジも、それを煎じ詰めたような存在だ。借金を抱え、臓器を売り、ろくなものを食べられない。彼は、男性という「マジョリティ」でありながら、そのこと以外のすべてを剝奪された「弱者男性」である。

だとすれば、彼はどうやって『ジョーカー』のジョーカーにならないで済んでいるのか？

ここで『チェンソーマン』は、例えば（『仮面ライダー龍騎』のように、また先ほど触れた『呪術廻戦』のように）デスゲームの形式を導入することはない。そうではなく、デンジの行動の動機となるのは、「じつにくだらない欲望」である。美味《おい》しいものを食べること（とはいってもジャムのついたパンなどのごく普通のもの）や、胸を揉《も》む権利、そしてマキマと望むことを「何でも」できる権利。ここまでは、デスゲームを導入していないとはいっても、『チェンソーマン』は超越的な正義ではなく、個人の欲望を求めよ、というデスゲーム的論理で動いているように見える。

だが、『チェンソーマン』がデスゲームと決定的に異質なのは、そこにゼロサム的な論理が働いていないことだ。個人の欲望を追求する「競争」にデンジは巻きこまれるわけではない。デンジの欲望が実現されたからといって、誰かの欲望が達成できなくなるわけではない。

デンジはそのようにして、純然たる個人のくだらない欲望を追求することで、偶発的に悪と戦うヒーローになる。では、その悪とは何か。ここでこの作品は、「仮面ライダー」の伝統に則った陰謀論的な世界観を導入する。デンジの憧れの人でもある上司のマキマが「支配の悪魔」であり、デンジの仲間たちを次々に殺したのも彼女であるという事実が、物語の中盤で明らかになるのだ。公安の中枢はほかならぬ悪魔に支配されていたという陰謀論的な世界。

正義はなく、個人の欲望しかない陰謀論的な世界で、いかに「正義」をなすか。『チェンソーマン』の主題はそのように煎じ詰めることができる。しかもそこには、現代的な貧困と弱者男性の問題が盛りこまれる。

そのような難問に『チェンソーマン』がどう答えているのか。それについて、私は「一つの正しい答え」を出すことにためらいを覚えている。なぜなら、現代の男性性の問題は、「一つの正しい答え」を自分の生き方とはできない人たちの問題である部分が大きいからだ。第十章でポストフェミニズムをめぐって女性について述べたのと同様に、ある種の弱さが許されることが、男性たちにも必要である（その弱さが他者やさらなる弱者を傷つけないならば、という条件つきにはなるが）。

そのような保留は加えつつ、デンジが出した答えが「愛」であり、寄り添うことである、ということだけは強調しておきたい。デンジはマキマを食べる（文字通りに！）ことによって彼女を「倒す」。それを彼は「愛」と呼ぶ。最後にデンジは、生まれ変わったマキマ（ナユタ）を抱きしめる。それこそ、支配の悪魔が本当は望んでいた「他者との対等な関係」（ポチタの台詞）だった。

そのようにして他者に寄り添うこと。それができるためには男性的な、もしくは階級的な「強さ」といったものは必要ない。それぞれが抱えている「じつにくだらない欲望」を諦める必要もない。『チェンソーマン』がさまざまな露悪的な意匠を通り抜けて示すのはそのような希望である。

おわりに——正義はどこへ行くのか？

本書ではアメリカと日本のヒーロー物語を、多様性の時代であるがゆえに危機に陥ったものとして論じてきた。その「危機」には二つの意味がある。

一つは、多様性の時代には、「異性愛者・健常者・ミドルクラスの白人男性」というマジョリティ的な人物だけをヒーローとして扱うことができなくなったことである。ただ、それが「危機」であるのは、そのようなマジョリティ的な主体から見た場合の話であろう。それ以外のマイノリティにとっては、自分が感情移入できる新たなヒーロー像がつむがれることは、歓迎すべき事態である。

それが、一部ではなく全体的な危機となるのは、そのようにして進む多様化に対する反動が生じ、対立が生じるときである。アメリカであればそれはトランプ大統領の出現であった。

ただし取り急ぎつけ加えておかなければならないが、その「対立」は対等な対立ではない。それは基本的には、危機に陥ってルサンチマン（怨恨）を抱えたマジョリティによるマイノリティへの攻撃である。

そうだとしても、その「対立」が次に述べる二点目の危機とあいまって、社会を分断させていることは事実である。

その二つ目の危機とは、多様性の論理は相対化の論理を必ずともなっていることだ。多様性を肯定することは、あるものと別のものの価値の優劣をなくしていくことである。それを突き詰めると、そもそもの「価値観」が崩壊していく。「価値観の価値」が下落していくニヒリズム状況が生じるということである。この論点は主に第三章以降で導入した。

相対化の論理が必ずニヒリズムに陥るという意味ではない。それは、旧来的で権威主義的な価値のヒエラルキーを打ち壊す力を持っていた。だが、同時に、相対化の論理が必ず解放的になるわけでもない。それは反転して、あらゆる価値を相対化したニヒリズムにつながり、世界をさまざまな価値観同士の、さまざまな「立場」もしくは党派同士の闘争の場へと変化させてしまう可能性もある。

そのような袋小路において、いかにしてヒーローは可能なのか。党派の利害＝価値観を代表するのではなく、何らかの普遍的な「正義」を体現するヒーローはどうすれば可能なのか。本書が探究してきたのはそのような疑問であった。

アメリカにおけるヒーローの基本形は、「法と共同体の外側に出ることによってこそ共同体に法と秩序をもたらすことができる」というヒーローの型だった。このようなヒーローの型は、今述べたような分断の時代にはやはり危機に陥ったと言えるだろう。法の外側にこそ正義があるという観念がトランプ主義と陰謀論的な世界観を生み出したのであってみれば。

同様に、日本におけるヒーローの二類型、つまり「ウルトラマン」型のヒーローと「仮面ライダー」型のヒーローについて、「仮面ライダー」的なものが次第に支配的になってきたのには、そのようなアメリカにおける趨勢《すうせい》とも響き合っている（第七章）。

ここに、本書では、もう一つの視点、つまり現代の資本主義という視点を導入した。これについてもアメリカと日本は、広い条件は共有しつつそれぞれの反応を示してきた。例えばアメリカでは、多様性と資本主義が矛盾しないという点が新たなヒーロー物語にとって重要だった。新たな資本主義の精神を文化的に正当化する物語としての「アイアンマン」シリーズなどを考えればよい（第二章）。

日本においてそのような多様性と資本主義の結託を表現したのは、「プリキュア」シリーズ（第十章）であり、その裏側で平成ライダーたちがデスゲームという形で資本主義のゼロサム的な市場の論理に身を投じていたのは独特だった（第九章）。

それを言うなら、本書は必然的に、一貫してジェンダー論でもあった。ヒーローの危機とは男性性の危機でもあった。それをどうやって乗り越えていくのか（第五・六章）。『仮面ライダー龍騎』のケアの倫理や『チェンソーマン』における欲望の肯定と「愛」は、そのような乗り越えの可能性を垣間見させてくれた（第九章・終章）。

当然であるが、アメリカと日本のヒーローものという広大な領域をすべてカバーすることは、本書のような分量では到底できるものではない。したがって本書では、恣意的であることを恐れずに筆者が現代の問題の核心に触れていると感じた作品を渡り歩いてきた。それによって見出された視点によって、読者が独自に本書で扱いきれなかった作品やジャンルについての思考を巡らせてくれれば本望である。

冒頭で述べたように、ヒーローたちはまだまだ元気いっぱいである。そして私は、本書で述べたようなさまざまな危機を乗り越えて、これまでに見たことのないようなヒーロー物語に出会えることを楽しみにしている。「正義の味方」という表現が、あらゆる意味で（「正義」とは？「味方」とは？）問題ぶくみの表現であることとは十分論じてきた。それにもかかわらず、私は新たな「正義の味方」の誕生を願わないではいられない。

これは、ヒーロー物語に対する願いであると同時に、私たちの生きるこの社会に対する願いでもある。

謝辞

本書はウェブサイト「集英社新書プラス」での連載『現代社会と向き合うためのヒーロー論』（二〇二二年七～一二月）を再構成しつつ（第一章～第六章）、序章と第七章以降を加筆したものである。連載では『トップガン マーヴェリック』を論じた第五章から始めた。この章は連載を始めるにあたっての「挨拶」的な役割があったので、「私」が前に出ており、文体も少々ほかとは違っているが、テーマが第六章の加齢の問題につながっていることもあり、第五章に移した。

連載では主にアメリカのヒーローものを論じていったが、その後は日本のヒーローものを論じると思い定めて書き下ろしをした。あまりにも広大な領域に呆然《ぼうぜん》としたが、アメリカ編で得られた視点をもって日本の風景を眺めたらどうなるか、という観点で、ある種の必然性をもって扱うべき作品が浮かび上がっていったと思う。

企画の提案、連載の伴走、書籍化に向けての執筆と編集のすべての過程で、集英社新書編集部の小山田悠哉さんには大変にお世話になった。恩着せがましく響かないことを祈って言うが、若き編集者の最初期の仕事を一緒にできたことをうれしく思っている。学恩については逐一お名前を出すことは控えたい。これまでの私の仕事に建設的で批判的な反応をくださったすべての読者に感謝したい。

本書を締めくくるにあたって、私自身にとってのヒーローは誰だろうと思いをはせた。二人の顔が思い浮かんだ。誰なのかは秘密だが、その人たちは別にスーパーヒーローのような力を持っているわけでも、完璧な人間であるわけでもないけれども、真面目に、真剣に自分たちの人生とそこに登場する人びとに向き合って生きている（生きていた）人たちだ。私もそのように生きたい。そう思わせてくれる人こそがあなたのヒーローだろう。

二〇二三年一一月

河野真太郎

註

序章

＊1 「新スーパーマンはバイセクシャル。DCコミックスが発表」VOGUE JAPAN、二〇二一年一〇月一三日（https://www.vogue.co.jp/celebrity/article/new-superman-coming-out-as-bisexual）。

＊2 "The best and worst reactions to DC Comics' new Superman coming out as bisexual," *Pink News*, October 12, 2021（https://www.thepinknews.com/2021/10/12/dc-comics-superman-bisexual-best-worst-takes/）.

第一章

＊1 ウラジーミル・プロップ『昔話の形態学』叢書記号学的実践10、北岡誠司・福田美智代訳、水声社、一九八七年。

＊2 ジョーゼフ・キャンベル『千の顔をもつ英雄〔新訳版〕』上・下、倉田真木・斎藤静代・関根光宏訳、ハヤカワ・ノンフィクション文庫、二〇一五年、原著一九四九年。

第二章

＊1 こういった事情については、てらさわホーク『マーベル映画究極批評―アベンジャーズはいかにして世界を征服したのか？』（イースト・プレス、二〇一九年）に詳しい。

＊2　同前、一八頁参照。
＊3　その起源については、金澤周作『チャリティの帝国——もうひとつのイギリス近現代史』（岩波新書、二〇二一年）を参照。
＊4　デヴィッド・ハーヴェイ『ポストモダニティの条件』（吉原直樹監訳、和泉浩・大塚彩美訳、ちくま学芸文庫、二〇二二年）を参照。

第三章

＊1　河野真太郎『新しい声を聞くぼくたち』講談社、二〇二二年。
＊2　杉田俊介『男がつらい！——資本主義社会の「弱者男性」論』ワニブックスＰＬＵＳ新書、二〇二二年。
＊3　スラヴォイ・ジジェク『２０１１——危うく夢見た一年』長原豊訳、航思社、二〇一三年。
＊4　『マトリックス』について詳しくは、拙著『この自由な世界と私たちの帰る場所』（青土社、二〇二三年）の第二章を参照。

第四章

＊1　ウェンディ・ブラウン『新自由主義の廃墟で——真実の終わりと民主主義の未来』河野真太郎訳、人文書院、二〇二二年。

第五章

＊1 Dr. Martha M. Lauzen, "It's a Man's (Celluloid) World, Even in a Pandemic Year: Portrayals of Female Characters in the Top U.S. Films of 2021" (https://womenintvfilm.sdsu.edu/wp-content/uploads/2022/03/2021-Its-a-Mans-Celluloid-World-Report.pdf).

第六章

＊1 この作品については、前掲『新しい声を聞くぼくたち』でも論じたのでご参照いただきたい。

＊2 河野真太郎『増補 戦う姫、働く少女』ちくま文庫、二〇二三年。

第七章

＊1 雨宮処凛『相模原事件・裁判傍聴記――「役に立ちたい」と「障害者ヘイト」のあいだ』太田出版、二〇二〇年。

＊2 神奈川新聞取材班『やまゆり園事件』幻冬舎、二〇二〇年。

＊3 宇野常寛『リトル・ピープルの時代』幻冬舎、二〇一一年。

＊4 ナオミ・クライン『ショック・ドクトリン――惨事便乗型資本主義の正体を暴く』上・下、幾島幸子・村上由見子訳、岩波書店、二〇一一年。

＊5 前掲『リトル・ピープルの時代』一六五頁。

＊6 同前、一六六頁。

＊7　同前、一八七〜一八八頁。

第八章

＊1　庵野秀明著、竹熊健太郎編『庵野秀明―パラノ・エヴァンゲリオン』太田出版、一九九七年。
＊2　同前、四二〜四三頁。
＊3　河野真太郎『はたらく物語―マンガ・アニメ・映画から「仕事」を考える8章』笠間書院、二〇二三年、第六章。
＊4　図録は、村上隆編著『リトルボーイ―爆発する日本のサブカルチャー・アート』ジャパン・ソサエティー／イェール大学出版、二〇〇五年。
＊5　三浦玲一『村上春樹とポストモダン・ジャパン―グローバル化の文化と文学』彩流社、二〇一四年、五二〜五三頁。

第九章

＊1　『株式会社マジルミエ』については、前掲『はたらく物語』第七章で詳しく論じた。
＊2　キャロル・ギリガン『もうひとつの声で―心理学の理論とケアの倫理』川本隆史・山辺恵理子・米典子訳、風行社、二〇二二年。
＊3　同前、一〇四頁。

第十章

＊1 「プリキュア：第20弾「ひろがるスカイ！プリキュア」 ヒロインではなくあえてヒーロー 声優、スタッフ発表」まんたんウェブ、二〇二三年一月八日（https://mantan-web.jp/article/20230107dog00m200043000c.html）。

＊2 シェリル・サンドバーグ『LEAN IN―女性、仕事、リーダーへの意欲』村井章子訳、日本経済新聞出版社、二〇一三年。

＊3 アンジェラ・マクロビー『フェミニズムとレジリエンスの政治―ジェンダー、メディア、そして福祉の終焉』田中東子・河野真太郎訳、青土社、二〇二二年、など。

＊4 ポストフェミニズムにおける「感情管理」の問題については、拙著『戦う姫、働く少女』および『この自由な世界と私たちの帰る場所』を参照。

終章

＊1 「庵野秀明監督が「シン・仮面ライダー」続編構想 タイトルは「シン・仮面ライダー 仮面の世界」か」よろず～ニュース、二〇二三年四月一〇日（https://yorozoonews.jp/article/14881402）。

URLの最終閲覧日：二〇二三年一一月七日

河野真太郎（こうの しんたろう）

一九七四年、山口県生まれ。東京大学大学院人文社会系研究科博士課程単位取得満期退学。博士（学術）。専修大学国際コミュニケーション学部教授。専門はイギリス文学・文化およびカルチュラル・スタディーズ。著書に『はたらく物語 マンガ・アニメ・映画から「仕事」を考える8章』（笠間書院）、『新しい声を聞くぼくたち』（講談社）、『増補 戦う姫、働く少女』（ちくま文庫）、翻訳にウェンディ・ブラウン著『新自由主義の廃墟で』（人文書院）など多数がある。

正《せい》義《ぎ》はどこへ行《い》くのか

映《えい》画《が》・アニメで読《よ》み解《と》く「ヒーロー」

二〇二三年一二月二〇日 第一刷発行

集英社新書一一九三B

著者……河《こう》野《の》真《しん》太《た》郎《ろう》

発行者……樋口尚也

発行所……株式会社集英社

東京都千代田区一ツ橋二-五-一〇 郵便番号一〇一-八〇五〇

電話 〇三-三二三〇-六三九一（編集部）

〇三-三二三〇-六〇八〇（読者係）

〇三-三二三〇-六三九三（販売部）書店専用

装幀……原 研哉

印刷所……TOPPAN株式会社

製本所……加藤製本株式会社

定価はカバーに表示してあります。

© Kono Shintaro 2023

造本には十分注意しておりますが、印刷・製本など製造上の不備がありましたら、お手数ですが小社「読者係」までご連絡ください。古書店、フリマアプリ、オークションサイト等で入手されたものは対応いたしかねますのでご了承ください。なお、本書の一部あるいは全部を無断で複写・複製することは、法律で認められた場合を除き、著作権の侵害となります。また、業者など、読者本人以外による本書のデジタル化は、いかなる場合でも一切認められませんのでご注意ください。

ISBN 978-4-08-721293-8 C0295

Printed in Japan

集英社新書　好評既刊

社会——B

戦後と災後の間——溶融するメディアと社会　吉見俊哉
ルポ　漂流する民主主義　真鍋弘樹
ルポ　ひきこもり未満　池上正樹
中国人のこころ　「ことば」からみる思考と感覚　小野秀樹
わかりやすさの罠　池上流「知る力」の鍛え方　池上　彰
メディアは誰のものか　——「本と新聞の大学」講義録　一色　清／姜　尚中ほか
京大的アホがなぜ必要か　酒井　敏
天井のない監獄　ガザの声を聴け！　清田明宏
限界のタワーマンション　榊　淳司
日本人は「やめる練習」がたりてない　野本響子
俺たちはどう生きるか　大竹まこと
「他者」の起源　ノーベル賞作家のハーバード連続講演録　トニ・モリスン
言い訳　関東芸人はなぜM-1で勝てないのか　ナイツ塙　宣之
自己検証・危険地報道　安田純平ほか
都市は文化《アート》でよみがえる　大林剛郎
「言葉」が暴走する時代の処世術　太田　光／山極寿一

性風俗シングルマザー　坂爪真吾
美意識の値段　山口　桂
ストライキ2.0　ブラック企業と闘う武器　今野晴貴
香港デモ戦記　小川善照
ことばの危機　大学入試改革・教育政策を問う　東京大学文学部広報委員会・編
国家と移民　外国人労働者と日本の未来　鳥井一平
LGBTとハラスメント　神谷悠一／松岡宗嗣
変われ！　東京　自由で、ゆるくて、閉じない都市　隈　研吾／清野由美
東京裏返し　社会学的街歩きガイド　吉見俊哉
人に寄り添う防災　片田敏孝
プロパガンダ戦争　分断される世界とメディア　内藤正典
イミダス　現代の視点2021　イミダス編集部・編
中国法　「依法治国」の公法と私法　小口彦太
福島が沈黙した日　原発事故と甲状腺被ばく　榊原崇仁
女性差別はどう作られてきたか　中村敏子
原子力の精神史——〈核〉と日本の現在地　山本昭宏
ヘイトスピーチと対抗報道　角南圭祐

a pilot of wisdom

世界の凋落を見つめて クロニクル2011-2020　四方田犬彦
「自由」の危機 ――息苦しさの正体　藤原辰史 内田樹 ほか
「非モテ」からはじめる男性学　西井 開
妊娠・出産をめぐるスピリチュアリティ　橋迫瑞穂
マジョリティ男性にとってまっとうさとは何か　杉田俊介
書物と貨幣の五千年史　永田 希
インド残酷物語 世界一たくましい民　池亀 彩
シンプル思考　里崎智也
韓国カルチャー 隣人の素顔と現在　伊東順子
「それから」の大阪　スズキナオ
ドンキにはなぜペンギンがいるのか　谷頭和希
何が記者を殺すのか 大阪発ドキュメンタリーの現場から　斉加尚代
フィンランド 幸せのメソッド　堀内都喜子
私たちが声を上げるとき アメリカを変えた10の問い　和泉真澄 坂下史子 ほか
「黒い雨」訴訟　小山美砂
差別は思いやりでは解決しない　神谷悠一
ファスト教養 10分で答えが欲しい人たち　レジー

非科学主義信仰 揺れるアメリカ社会の現場から　及川 順
おどろきのウクライナ　橋爪大三郎 大澤真幸
対論 1968　笠井 潔 絓 秀実
武器としての国際人権　藤田早苗
小山田圭吾の「いじめ」はいかにつくられたか　片岡大右
クラシックカー屋一代記　涌井清春 金子浩久 構成
カオスなSDGs グルっと回せばうんこ色　酒井 敏
「イクメン」を疑え!　関口洋平
差別の教室　藤原章生
ハマのドン 横浜カジノ阻止をめぐる闘いの記録　松原文枝
なぜ豊岡は世界に注目されるのか　中貝宗治
続・韓国カルチャー 描かれた「歴史」と社会の変化　伊東順子
トランスジェンダー入門　周司あきら 高井ゆと里
スポーツの価値　山口 香
「おひとりさまの老後」が危ない! 介護の転換期に立ち向かう　上野千鶴子 高口光子
男性の性暴力被害　宮﨑浩一 西岡真由美
推す力 人生をかけたアイドル論　中森明夫

集英社新書　好評既刊

文芸・芸術――F

音楽で人は輝く　樋口裕一
オーケストラ大国アメリカ　山田真一
証言 日中映画人交流　劉文兵
荒木飛呂彦の奇妙なホラー映画論　荒木飛呂彦
あなたは誰？ 私はここにいる　姜尚中
フェルメール 静けさの謎を解く　藤田令伊
司馬遼太郎の幻想ロマン　磯貝勝太郎
GANTZなSF映画論　奥浩哉
池波正太郎「自前」の思想　佐高信／田中優子
世界文学を継ぐ者たち　早川敦子
あの日からの建築　伊東豊雄
至高の日本ジャズ全史　相倉久人
荒木飛呂彦の超偏愛！映画の掟　荒木飛呂彦
水玉の履歴書　草間彌生
ちばてつやが語る「ちばてつや」　ちばてつや
日本映画史110年　四方田犬彦
読書狂《ビブリオマニア》の冒険は終わらない！　三上延／倉田英之
文豪と京の「庭」「桜」　海野泰男
アート鑑賞、超入門！ 7つの視点　藤田令伊
なぜ『三四郎』は悲恋に終わるのか　石原千秋
荒木飛呂彦の漫画術　荒木飛呂彦
世阿弥の世界　増田正造
ヤマザキマリの偏愛ルネサンス美術論　ヤマザキマリ
テロと文学 9・11後のアメリカと世界　上岡伸雄
漱石のことば　姜尚中
「建築」で日本を変える　伊東豊雄
子規と漱石 友情が育んだ写実の近代　小森陽一
安吾のことば「正直に生き抜く」ためのヒント　藤沢周 編
いちまいの絵 生きているうちに見るべき名画　原田マハ
松本清張「隠蔽と暴露」の作家　高橋敏夫
私が愛した映画たち　吉永小百合／取材・構成 立花珠樹
タンゴと日本人　生明俊雄
源氏物語を反体制文学として読んでみる　三田誠広

a pilot of wisdom

堀田善衞を読む　世界を知り抜くための羅針盤　池澤夏樹ほか
三島由紀夫　ふたつの謎　大澤真幸
慶應義塾文学科教授　永井荷風　末延芳晴
レオナルド・ダ・ヴィンチ　ミラノ宮廷のエンターテイナー　斎藤泰弘
モーツァルトは「アマデウス」ではない　石井宏
「井上ひさし」を読む　人生を肯定するまなざし　小森陽一 成田龍一 編著
百田尚樹をぜんぶ読む　杉田俊介 藤田直哉
北澤楽天と岡本一平　日本漫画の二人の祖　竹内一郎
音楽が聴けなくなる日　宮台真司 永田夏来 かがりはるき
谷崎潤一郎　性慾と文学　千葉俊二
英米文学者と読む「約束のネバーランド」　戸田慧
苦海・浄土・日本　石牟礼道子　もだえ神の精神　田中優子
万葉百歌　こころの旅　松本章男
拡張するキュレーション　価値を生み出す技術　暮沢剛巳
最後の文人　石川淳の世界　田中優子 小林ふみ子ほか
職業としてのシネマ　髙野てるみ
演劇入門　生きることは演じること　鴻上尚史

ドストエフスキー　黒い言葉　亀山郁夫
完全解説ウルトラマン不滅の10大決戦　古谷敏 やくみつる 佐々木徹
文豪と俳句　岸本尚毅
EPICソニーとその時代　スージー鈴木
ショパン・コンクール見聞録　青柳いづみこ
市民オペラ　石田麻子
新海誠　国民的アニメ作家の誕生　土居伸彰
書く力　加藤周一の名文に学ぶ　鷲巣力
死ぬまでに知っておきたい日本美術　山口桂
「鬱屈」の時代をよむ　今野真二
ゲームが教える世界の論点　藤田直哉
シャンソンと日本人　生明俊雄
永遠の映画大国　イタリア名画120年史　古賀太
江戸の芸者　近代女優の原像　赤坂治績
反戦川柳人　鶴彬の獄死　佐高信
ハリウッド映画の終焉　宇野維正
死後を生きる生き方　横尾忠則

集英社新書　好評既刊

ノンフィクション――N

- 妻と最期の十日間　桃井和馬
- 鯨人　石川梵
- ゴーストタウン　チェルノブイリを走る　エレナ・ウラジーミロヴナ・フィラトワ　池田紫・訳
- 笑う、避難所　石巻・明友館136人の記録　頓所直人　写真・名越啓介
- チャングム、イ・サンの監督が語る　韓流時代劇の魅力　イ・ビョンフン
- 女ノマド、一人砂漠に生きる　常見藤代
- 幻の楽器　ヴィオラ・アルタ物語　平野真敏
- 風景は記憶の順にできていく　椎名誠
- 実録　ドイツで決闘した日本人　菅野瑞治也
- 「辺境」の誇り――アメリカ先住民と日本人　鎌田遵
- 奇食珍食　糞便録　椎名誠
- 橋を架ける者たち――在日サッカー選手の群像　木村元彦
- ナチスと隕石仏像　SSチベット探検隊とアーリア神話　浜本隆志
- 堕ちた英雄「独裁者」ムガベの37年　石原孝
- 癒されぬアメリカ　先住民社会を生きる　鎌田遵
- 羽生結弦を生んだ男　都築章一郎の道程　宇都宮直子
- 花ちゃんのサラダ　昭和の思い出日記　南條竹則
- ある北朝鮮テロリストの生と死　証言・ラングーン事件　羅鍾一　永野慎一郎・訳
- 原子の力を解放せよ　戦争に翻弄された核物理学者たち　浜野高宏　新田義貴　海南友子
- ルポ　森のようちえん　SDGs時代の子育てスタイル　おおたとしまさ
- シングルマザー、その後　黒川祥子
- 9つの人生　現代インドの聖なるものを求めて　ウィリアム・ダルリンプル　パロミタ友美・訳
- 財津和夫　人生はひとつ　でも一度じゃない　川上雄三
- ルポ　虐待サバイバー　植原亮太
- スタジオジブリ物語　鈴木敏夫　責任編集

a pilot of wisdom

ヴィジュアル版――V

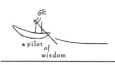

a pilot of wisdom

集英社新書　好評既刊

アントニオ猪木とは何だったのか
入不二基義／香山リカ／水道橋博士／ターザン山本
松原隆一郎／夢枕 獏／吉田 豪　1180-H
哲学者から芸人まで独自の視点をもつ七人の識者が、あらゆる枠を越境したプロレスラーの謎を追いかける。

絶対に後悔しない会話のルール
吉原珠央　1181-E
人生を楽しむための会話術完全版。思い込み・決めつけ・観察。この三つに気を付けるだけで毎日が変わる。

疎外感の精神病理
和田秀樹　1182-E
コロナ禍を経てさらに広がった「疎外感」という病理。精神科医が心の健康につながる生き方を提案する。

「おひとりさまの老後」が危ない！ 介護の転換期に立ち向かう
上野千鶴子／髙口光子　1183-B
日本の介護に迫る危機にどう向き合うべきなのか。社会学者と介護研究アドバイザーが「よい介護」を説く。

スーザン・ソンタグ 「脆さ」にあらがう思想
波戸岡景太　1184-C
〝反解釈・反写真・反隠喩〟で戦争やジェンダーなどを喝破した批評家の波瀾万丈な生涯と思想に迫る入門書。

男性の性暴力被害
宮﨑浩一／西岡真由美　1185-B
男性の性被害が「なかったこと」にされてきた要因や、被害の実態、心身への影響、支援のあり方を考察する。

死後を生きる生き方
横尾忠則　1186-F
八七歳を迎えた世界的美術家が死とアートの関係と魂の充足をつづる。ふっと心が軽くなる横尾流人生美学。

ギフティッドの子どもたち
角谷詩織　1188-E
天才や発達障害だと誤解されるギフティッド児。正確な知識や教育的配慮のあり方等を専門家が解説する。

推す力 人生をかけたアイドル論
中森明夫　1189-B
「推す」を貫いた評論家が、戦後日本の文化史とともに〝虚構〟の正体を解き明かすアイドル批評決定版！

スポーツウォッシング なぜ〈勇気と感動〉は利用されるのか
西村 章　1190-H
都合の悪い政治や社会の歪みをスポーツを利用して覆い隠す行為の歴史やメカニズム等を紐解く一冊。

既刊情報の詳細は集英社新書のホームページへ
https://shinsho.shueisha.co.jp/